三千世界三字经

张玮
馒头说团队
——著

中信出版集团 | 北京

图书在版编目（CIP）数据

三千世界三字经：全4册 / 张玮，馒头说团队著.
北京：中信出版社，2024.9. -- ISBN 978-7-5217
-6775-9

Ⅰ. H194.1

中国国家版本馆CIP数据核字第 2024NX8952 号

三千世界三字经
著者：　　张玮　馒头说团队
出版发行：中信出版集团股份有限公司
　　　　　（北京市朝阳区东三环北路 27 号嘉铭中心　邮编　100020）
承印者：北京尚唐印刷包装有限公司

开本：880mm×1230mm 1/32　　印张：24.75　　字数：495 千字
版次：2024 年 9 月第 1 版　　　　印次：2024 年 9 月第 1 次印刷
书号：ISBN 978-7-5217-6775-9
定价：180.00 元（全 4 册）

版权所有·侵权必究
如有印刷、装订问题，本公司负责调换。
服务热线：400-600-8099
投稿邮箱：author@citicpub.com

目 录

自 序　为什么我们要读点《三字经》　　　　　　V

教育篇

1　人的本性，是善还是恶？　　　　　　　　　003
　　人之初，性本善。性相近，习相远。

2　项羽为什么会失败？　　　　　　　　　　　011
　　苟不教，性乃迁。教之道，贵以专。

3　孟子小时候，为什么要三次搬家？　　　　　017
　　昔孟母，择邻处。子不学，断机杼。

4　中国古代的"好爸爸"，是什么样的？　　　024
　　窦燕山，有义方，教五子，名俱扬。

5　什么样的老师，才算是好老师？　　　　　　030
　　养不教，父之过。教不严，师之惰。

6　文化名人小时候都用功读书吗？　　　　　　036
　　子不学，非所宜。幼不学，老何为？

7　为什么要学习礼仪？　　　　　　　　　　　043
　　玉不琢，不成器；人不学，不知义。
　　为人子，方少时，亲师友，习礼仪。

8	古代的孝道，都是值得学习的吗？	050
	香九龄，能温席，孝于亲，所当执。	
9	孔融为什么要"让梨"？	057
	融四岁，能让梨，弟于长，宜先知。	

常识篇·天地

10	中国古代人的数学水平如何？	065
	首孝弟，次见闻。知某数，识某文。	
	一而十，十而百，百而千，千而万。	
11	"天地人"为什么那么重要？	072
	三才者，天地人。三光者，日月星。	
12	"三纲"到底是什么意思？	078
	三纲者，君臣义，父子亲，夫妇顺。	
13	"四季"是如何产生的？	084
	曰春夏，曰秋冬，此四时，运不穷。	
14	古代人是怎么辨别方向的？	090
	曰南北，曰西东，此四方，应乎中。	
15	"五行相克"和"四种元素"	096
	曰水火，木金土，此五行，本乎数。	
16	"十二生肖"和"天干地支"有什么关系？	101
	十干者，甲至癸。十二支，子至亥。	
17	古人眼里的天地，是什么样的？	108
	曰黄道，曰所躔。曰赤道，当中权。	

赤道下，温暖极。我中华，在东北。

18 孕育中华文明的四条大河　　116
寒燠均，霜露改。右高原，左大海。
曰江河，曰淮济，此四渎，水之纪。

19 中华处处有名山　　123
曰岱华，嵩恒衡，此五岳，山之名。

20 "省""市""县"是怎么来的？　　130
古九州，今改制，称行省，二十二。

21 古代人的职业有高低贵贱吗？　　137
曰士农，曰工商，此四民，国之良。
医卜相，皆方技；星堪舆，小道泥。

22 我们的古人喜欢什么植物？　　145
地所生，有草木，此植物，遍水陆。

23 在古人眼中，哪些动物带着"仙气"？　　153
有虫鱼，有鸟兽，此动物，能飞走。

24 古人眼中的"六谷"和"六畜"　　159
稻粱菽，麦黍稷，此六谷，人所食。
马牛羊，鸡犬豕，此六畜，人所饲。

25 为什么"扑克脸"会很高级？　　167
曰喜怒，曰哀惧，爱恶欲，七情具。

26 影响东亚文化的"五常"　　173
曰仁义，礼智信，此五常，不容紊。

27 "青龙白虎"和颜色有什么关系？　　181
青赤黄，及白黑，此五色，目所识。

自序

为什么我们要读点《三字经》

1

关于《三字经》,近年来有一些争议。

有人认为,这是古代孩子启蒙识字的读物,太简单了,现在已经不适用了;也有人认为,里面讲的不少东西已经过时了,现在没必要去读了;更有人认为,《三字经》里有很多封建糟粕,根本不应该给现在的孩子读——有一位知名学者还曾把它归入"毒药"的行列。

真的是这样吗?

我们不妨先来了解一下,《三字经》究竟是怎样一本书。

2

目前相对主流的观点认为,《三字经》最初是宋末元初学者王应麟编写的。

王应麟其实前后编写过几本儿童启蒙读物,唯独《三字经》的名气最响,以至于在千百年内都是中国少年儿童入学的启蒙读物——在蒙学"老三篇"(《三字经》、《百家姓》和《千字文》,统称"三百千")中一直名列首位,无可动摇,甚至被称为"蒙学之冠"。

这是为什么?

我个人觉得,有三点原因。

第一,它非常短,让人读起来没什么压力。

以王应麟版本的《三字经》为例,三字一句,一共也就一千字出头,后来经过历朝历代的增补,也就增补到了一千一百字出头,高中生随手写一篇长一点的作文,就能达到这个字数。

所以古代孩子学《三字经》,都是要全文背诵的。

第二,它朗朗上口,通俗易懂。

"三字经",顾名思义,就是三个字一句。

千万别小看这三字一句。在《三字经》出现以前,中国的儿童启蒙读物,一句最少四字,比如"三百千"的后两本《百家姓》和《千字文》,从"赵钱孙李"到"天地玄黄",已经够简洁了,但还是四字一句。

《三字经》开创了三字一句的独特文体，再加上押韵，所以更像儿歌，也更通俗易懂，容易被孩子接受。

古代私塾中，很多孩子未必知道《三字经》每一句话的意思，但都还是能顺利背下来。

第三，它短小精悍，却又包罗万象。

一千多字像儿歌一样的《三字经》，其实暗藏玄机，"野心"很大——高度浓缩了几千年的中国文明史。

由关于"人性"的讨论入手，一千多字的《三字经》从为人到处世，从文学到常识，从天文到地理，从哲学到历史，从元典到名人，其实讲了非常多的道理和典故，简直让人叹为观止。

这也是《三字经》千百年来一直占据中国儿童"蒙学"第一读物宝座的重要原因。

《三字经》不仅在中国有很高的地位，其实它在世界范围也有很大的影响力。从明朝开始，《三字经》就已流传至中国以外的国家。1581年前后，《三字经》的第一个拉丁文译本流传到了意大利。之后在1727年，《三字经》被译成俄文传到了俄国，还入选了俄国的培训教材，成为俄国文化界的流行读物。

俄国有个汉学家叫比丘林，他在1829年推出了《汉俄对照三字经》，称《三字经》是"12世纪的百科全书"。俄国著名文学家普希金在详细阅读后，给《三字经》的评价加了一个"圣"字，称它为"三字圣经"。到现在，普希金故居还珍藏着当年他读过的《三字经》。

俄国人都如此重视三字经,就更别说东亚处于儒家文化圈的韩国和日本了。

日本早在江户时代,也就是三四百年前,就已经发行由中国商船带来的各种版本的《三字经》了。当时日本的很多私塾也用《三字经》作为教材。

不光是在亚洲,在英国、美国、法国,都有《三字经》的翻译版本,并有相当的影响力。1989年,新加坡出版了一个英文版《三字经》,它入选了新加坡的教科书。

1990年,《三字经》被联合国教科文组织选编入"儿童道德丛书"向世界各地儿童推介,成为一本世界著名的启蒙读物。

那么问题来了:

既然如此,《三字经》为什么还会有争议呢?

3

我自己觉得,可能是有以下原因。

第一个原因,是功能缩减。

在古代,《三字经》的一个重要功能,是让开蒙的孩子认字。但到了现在,全国通行的小学语文教材已经可以很好地完成这个功能了,"认字"这个功能不需要《三字经》来承担了,这是事实。

第二个原因，是"死记硬背"。

虽然不再承担教孩子认字这个功能，但《三字经》还是有很大的存在意义的。令人遗憾的是，现在有些学校乃至早教机构让孩子读《三字经》，其实就是让他们死记硬背。

且不说在古文环境已经退化的现代，即便放到古代，私塾里的孩子们摇头晃脑背诵《三字经》，若很多不负责任的私塾老师懒得讲解，孩子们对其中很多知识点也是一知半解，甚至完全不解的。

比如《三字经》里有一句：

"曰仁义，礼智信，此五常，不容紊。"

"仁义礼智信"是中国儒家传统中很重要的道德准则，仅仅这十二个字，如果不展开说，孩子们是很难理解的。

又比如，《三字经》里还有一句：

"高祖兴，汉业建，至孝平，王莽篡。"

短短十二个字，就把西汉从建立到灭亡的两百多年给讲完了，但背后又有多少故事，孩子都是不知道的。

所以，你单纯看、听甚至背这一千多字的《三字经》，我个人觉得意义是不大的，甚至会消磨掉学习的兴趣。

第三个原因可能也是最重要的，那就是关于"取舍"和"扬弃"。

必须承认，《三字经》作为一部儒家观点的启蒙读物，当然有很多值得我们今天继续传承和发扬的精神和传统，但要说没有一点糟粕，也是不可能的。

比如其中的那句"三纲者，君臣义"。

现在这肯定是不值得提倡，也不值得孩子再去学习了。但我倒有个观点：

你说这些是封建糟粕，需要批判和舍弃，没问题；但也不妨让孩子知道，为什么古人要讲"君为臣纲，父为子纲，夫为妻纲"，这是在什么环境下产生的，是怎么发展的，又是如何消亡的。了解一下，绝没有坏处。

又比如著名的开篇两句：

"人之初，性本善。性相近，习相远。"

是谁提出的"人性本善"？是孔子吗？不是的，孔子他老人家没判定过人性善恶，那么孟子说的"人性善"的论点就代表儒家学派的观点吗？不是的，荀子还提出了"人性恶"的观点，他的两个学生李斯和韩非，还成了法家学派的代表人物，由此引出了"道德"和"法理"的辩论，这些都是可以和孩子展开讲讲的。

还比如有一句：

"香九龄，能温席，孝于亲，所当执。"

黄香温席，究竟是怎样一个故事？这个故事背后，中国人讲究的"孝道"又是怎样的？由此引出的"二十四孝"都是值得我们学习和模仿的吗？那"郭巨埋儿"呢？"涌泉跃鲤"呢？

我倒觉得这反而是本好教材，引导孩子自己来评判一下古代的一些价值观和道德观。

所以从这个意义上说,简单丢一本《三字经》让孩子们自己去看,去背,去领会,挺难的。

还是要有人给他们掰开了,揉碎了,慢慢讲。

4

所以,有了这套《三千世界三字经》。

"三千世界"原本是个佛教用语,后来泛指包罗万象的大千世界。唐代武元衡有一首《春题龙门香山寺》,里面有一句:"欲尽出寻那可得,三千世界本无穷。"

用"三千世界"作为《三字经》的前缀,我个人觉得还挺合适。正如前面所说,这本薄薄的小册子包含了太多中国传统文化和典故的出处,以及一整部中国古代史——只有一千多字,朗朗上口,性价比实在太高了。

在版本方面,我挑选了民国著名学者章太炎编订的"章本《三字经》",这是过去一百年来,公认最好的《三字经》版本。

而为了让孩子们更有概念地了解《三字经》背后的宏大世界,我把整部书分为《教育篇》、《常识篇》、《元典篇》、《历史篇》和《名家篇》五大板块——拜《三字经》所赐,我很高兴在《历史篇》中能第一次尝试给孩子们简单捋一下中国古代史。

每一篇文章开头都有摘要,文末都有知识点的总结,当然，还有很多孩子已经熟悉的"馒头家族"的漫画。

这几本书的底稿来自我之前的音频课"馒头伴读三字经"，在这里，我要特别感谢"馒头说"团队的成员，尤其感谢参与内容写作的杨兆丰、承担所有漫画创作的张明曦。

5

说实话，在短视频时代，要让孩子认真读一点书，不容易。

而能够写出给孩子一些知识和启发，让孩子得到一些积累和传承的书，更不容易——最关键的是，要孩子能不讨厌，看进去，记得住。

在这方面，我和我团队的小伙伴们一直在摸索和实践。我们的第一本书《写给孩子的论语课》得到了来自家长和孩子的非常好的反馈，甚至出了繁体字版，在海峡对岸也颇受孩子欢迎，还获得了一些奖项。

而之后的《小学生自学大语文》获得全国家长和孩子的高度认可，更是给了我们宝贵的经验和可贵的信心。在此基础上，我们这次推出了《三千世界三字经》。

我一直觉得，或许我们未必要把《三字经》拔到多崇高的地位，但它作为现代社会孩子的国学启蒙读物，一点问题都没有，甚至是应该得到推荐的。

很高兴，这次我们能为《三字经》的普及和伴读做出一点自己的小贡献。

也希望孩子们通过了解《三字经》，懂得一些该懂的道理，学会一些该学的知识。

让我们相会在《三字经》包罗万象的世界里吧！

2024 年 7 月 10 日

于上海

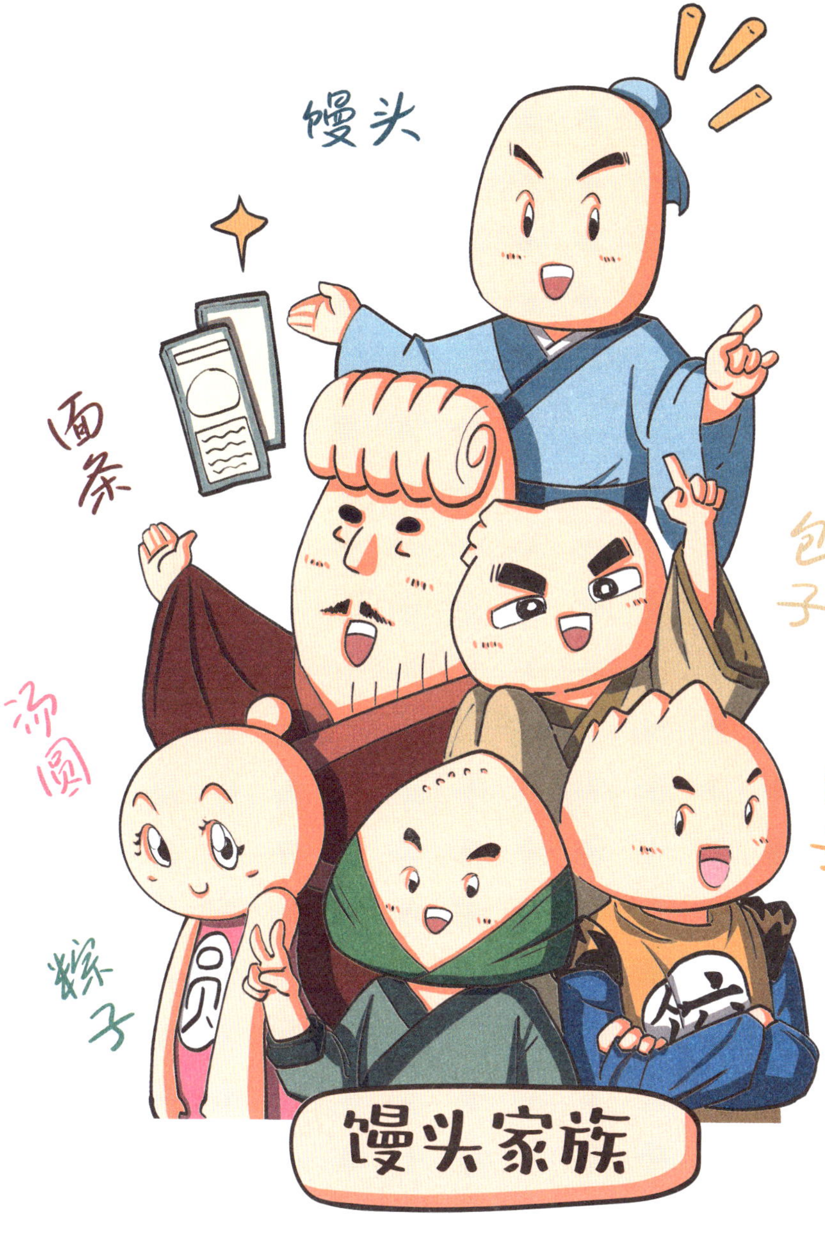
馒头
面条
包子
汤圆
饺子
粽子
馒头家族

教育篇

1 人的本性，是善还是恶？

> 人之初，性本善。
> 性相近，习相远。
> 孟子为什么认为人性是善良的？
> 荀子又为什么认为人性是恶的？
> "性善论"和"性恶论"到底哪个对？

"人之初，性本善。性相近，习相远。"

哪怕你没读过《三字经》，这十二个字，我相信你也已经很熟悉了吧。

没错，几乎每个中国人都知道这十二个字。但是，这句话的含义以及它所包含的知识和典故，却不是每个人都知道。

什么是"性善论"？

我们先来看第一句："人之初，性本善。"

这句话的意思是，人刚出生的时候，本性都是善良的。

这个观点被总结为"性善论"，是战国时代儒家学派的代表人物孟子提出的。

一说到"儒家学派",读过《写给孩子的论语课》这本书的同学,可能会第一时间想到孔子。没错,孔子他老人家堪称儒家学派最具代表性的人物。不过,在留下来的著作里,孔子却并没有明确地去判断,人本来的天性究竟是善的还是恶的。所以,在《论语》里,孔子著名的学生子贡说了这样一句话:

"夫子之文章,可得而闻也,夫子之言性与天道,不可得而闻也。"

意思是,孔子老师的学问,我们这些学生还是能有机会听到的,但是我们却没有机会听到孔子老师关于人性和天道的见解。

子贡是孔子的得意弟子之一(详见《写给孩子的论语课》中的《乱世操盘手》),他表示自己的老师从没说过关于人性的见解。既然人性是善是恶的问题,你孔子老人家不下判断,那么就别怪后人发表自己的看法了。

首先站出来的,就是孟子。

在儒家学派里,孟子的地位可以说是仅次于孔子的。我们都把孔子称为"圣人",而孟子有个称号,叫"亚圣",就是比"圣人"差那么一点点,可见孟子的地位了。

孟子的观点是什么呢?

他认为,人性应该是善的。

孟子在他的著作里把人性比作流水。他是这样讲的:

"人性之善也，犹水之就下也。人无有不善，水无有不下。"

意思就是，人性是善良的，这个道理就像水总是往低处流一样。没有人的本性是不善良的，就好比没有水是不向低处流动的。

在孟子的眼里，人的这种善良本性包含了很多美好的品质，每个人生来就具备同理心和羞耻心。比方说，任何一个人，如果看到一个调皮的小孩子马上就要不小心掉到井里了，他在那一瞬间一定是会惊讶、害怕，或者是感到悲伤和同情的，而绝对不会幸灾乐祸、哈哈大笑。而且，在孟子眼里，人生来就拥有遵守礼仪和明辨是非的能力。

所以，孟子说过这样一句话：

"仁义礼智，非由外铄我也，我固有之也……"

这句话的意思是：仁、义、礼、智这些美好的品质，并不是外界赋予我们的，而是我们本来就拥有的东西。

所以概括来说，孟子是"性善论"的坚定支持者，他认为人的天性是善良的，有非常多美好的品质。

但是，并不是没有人反对孟子这个观点，也有人觉得，人的天性不是善的，而是恶的，这就叫"性恶论"。

什么是"性恶论"？

提出"性恶论"的人，恰恰也是儒家的代表人物之一，他就是荀子。

荀子和孟子一样，都是战国时代的思想家，但是荀子比孟子要晚出生几十年。我们知道，在战国时代，华夏大地上有很多诸侯国，它们彼此经常打仗，给百姓带来了很多痛苦和负担。荀子生活在战国时代，也难免见证过一些人世间的纷争和悲剧。所以，荀子说：

"然则从人之性，顺人之情，必出于争夺，合于犯分乱理，而归于暴。"

荀子认为，如果对所有人都不加管束，完全顺着人们的本性和情感欲望，那么人们肯定就会相互抢夺资源和利益，导致社会出现混乱，并产生越来越多的暴力行为。

正是因为荀子认为人的天性是恶的，所以他特别强调教育对人的作用。荀子有这样一句名言：

"人之性恶，其善者伪也。"

意思是说，人的本性是恶的，而那些善良的人，是通过后天的教育来努力改善的。

当然，在荀子眼里，只有教育是不够的，还要通过制定法律和社会规范来解决这些人性的问题。

看到这里，你是不是会觉得，荀子特别讲究法的作用？

没错，荀子虽然是儒家学派的一位大思想家，但他的弟子李斯和韩非，却成了战国时代法家学派的代表人物，主张通过法律来建立社会的秩序。

孟子和荀子，一个主张性善论，一个主张性恶论，他们

两个的观点各自都有不少支持者，几千年来，产生了很大的争论和影响。

《三字经》这本书的最初作者王应麟，以及后来参与修订《三字经》的很多学者，其实都是支持"性善论"的——不然的话，《三字经》这第一句"人之初，性本善"，为什么从来没有变动过呢？

当然，也有学者觉得，"性善论"和"性恶论"这两种观点都太绝对了，他们表示，人的天性不一定是彻彻底底的善或者恶，在复杂的人性之中，应该有一部分是善的，有一部分是恶的。

西汉时期著名的文学家扬雄就说：

"人之性也，善恶混。修其善则为善人，修其恶则为恶人。"

意思是，人的天性之中，善念和恶念是混在一起的。所以，一个人在成长过程中，如果学习的是善的东西，就会成为好人；如果学习的是恶的东西，就会变成坏人。

东汉大思想家王充认为，人本来都是善良的，但是在成长过程中，因接触了外界的事物，所以才会在不同的环境里成长为不同的人。如果一个人每天接触的都是不良诱惑，那么他就算本性是善良的，也可能会变成一个坏人。

请注意，王充的这个观点，就有点接近《论语》里孔子他老人家说的那句了："性相近也，习相远也。"

看到这里你可能会说，"性相近，习相远"不是《三字经》里的吗？没错，《三字经》里这话，来源就是孔子说的话。

"性相近，习相远"这句话是什么意思呢？意思就是，人们的本性其实都差不多，但是成长过程中，因为周围的环境不同，接受的教育不同，所以还是会养成不同的习惯，人和人之间会出现比较大的差异。

想想看，你在世界上见过完全一样的两个人吗？就算是一对长得几乎完全一样的双胞胎，他们也往往会有不同的习惯、不同的爱好、不同的性格。

所以说，我们的父母都希望我们尽量在比较良好的环境和氛围里，去学习那些对我们有好处的知识，这样才能激发出我们天性中那些美好的品质，我们长大后才能成为一个善良的人。并且，我们要尽量少地去接触那些对于我们可能有坏处的东西，防止自己养成坏习惯。

当然，和自己的不同的生长环境，并不一定都是坏的环境。"性相近，习相远"这句话还告诉我们，每个人都在不断地被周围的环境影响，所以人才会有差异，每个人才会变成独一无二的人。所以，如果我们遇到了一个人，他的习惯和性格都和我们不太一样，他并不一定就是坏人，只是他的成长环境和我们不一样罢了。

最后，想留给你一个问题：

你觉得是孟子的"性善论"更有道理，还是荀子的"性恶论"更有道理呢？你觉得人本来的天性应该是善良的，还是邪恶的呢？

知识卡

人之初，性本善。性相近，习相远。

人刚出生的时候，本性都是善良的，但后来因为每个人的生活环境、教育环境不同，所以人们会养成不同的习惯，人和人之间也会出现比较大的差异。

孟子

孟子，名轲，大约出生于公元前372年，邹（今山东邹城东南）人，战国时期著名的思想家，是孔子之后儒家学派最著名的代表，与孔子并称为"孔孟"，有"亚圣"之称。他提倡"人性本善"。

荀子

荀子，名况，大约出生于公元前313年，是孔子和孟子之后著名的儒家学派代表。他有两个很有名的学生，一个叫李斯，一个叫韩非。他提倡"人性本恶"。

2 项羽为什么会失败？

苟不教，性乃迁。
教之道，贵以专。

"万人敌"的本领，想学就能学？

上一篇我们讨论了"人性善恶"的问题，最后说到，其实环境对人的性格影响是很大的。

关于这个观点，《三字经》里也提到过，那就是"苟不教，性乃迁"。这句话的意思就是，一个人虽然本性是善的，但如果不从小好好接受教育，善良的本性就会变坏。

种子的生长

如果你平时关注一些电视上的法制节目，可能会发现一个规律。

那些年纪轻轻就触犯法律的人，往往在很小的时候就辍学了,他们并没有接受过良好的或者正常的教育。也正因为没有学校的教育和管束,他们才走上了犯罪的道路。

一颗种子哪怕原本的质量再好,如果得不到肥沃的土壤和良好的肥料这些优质的成长环境,最终也无法长成一株好庄稼,甚至都不会发芽。

在古代,人们就懂这个道理了。

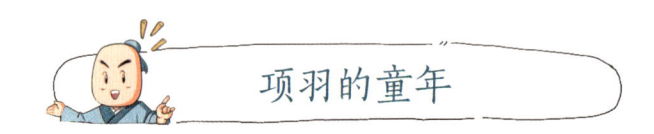

项羽的童年

大家应该都知道项羽吧?

当年秦始皇统一六国之后,天下百姓过得非常辛苦,所以,很多人都想要推翻秦朝的统治。项羽就是秦朝末年率众起兵推翻秦朝统治的起义军首领之一。

他打仗非常勇猛,建立了很多战功,后来,他统一了秦朝疆域的大部分地区,成了当时所有起义军的首领,建立了西楚政权,自立为"西楚霸王"。但是没过几年,起义军的另一个将领刘邦就带兵击败了项羽,建立了汉朝。项羽在失败之后,只能被迫自杀了。

那么,赫赫有名的西楚霸王项羽为什么会输给刘邦,兵败自杀呢?很多历史学家认为,其中很重要的一个原因,是项羽的性格,他非常狂妄自大,虽然很勇猛,却没有足够的智谋。

为什么会这样?我国汉代著名的历史学家司马迁就认为,

这可能和项羽小时候不好好学习有关。在司马迁写的著名的《史记》里，记载了这样一个项羽小时候的故事：

当项羽还是个小孩子的时候，他跟着自己的叔父项梁学习，项梁也就相当于项羽的启蒙老师。一开始，项梁给项羽一些书，让他去好好学习读书写字。结果项羽拿到书以后，一点儿心思也没有，还没学到什么知识，就把书本扔到一边，说自己不学了。项梁看项羽实在不是读书的材料，就让他去学习剑法。按理说项羽应该挺喜欢舞刀弄剑的，没想到，项羽拿到剑之后，也不愿意一招一式地去刻苦练习，没过多久，又把剑扔到一边，说自己不想学了。

这下，项梁就有点生气了，想要去教训教训项羽，让他端正一下自己的学习态度。没想到，项羽这个小孩子倒是很会狡辩，他振振有词："读书写字也没那么重要吧？我只要知道怎么写名字不就够了？还有剑术，也没那么重要吧，就算学会了剑法，也只足够和一个人对抗，我才不要学呢！我要学那种能和成千上万个人作战的知识，当上'万人敌'的大将军！"

项梁一看，项羽这个小孩虽然学习不用功，但志向倒是很远大，野心也不小，干脆就顺着他的意思来，去教他用兵打仗的兵法知识。项羽刚开始学习兵法的时候非常高兴，兴奋地说："这就是我想学的知识啊！"可是，项羽没学多久，刚刚看了两本兵书，学会一点浅显的知识，就觉得自己全懂了，又不愿意继续学习了。

所以，成年后的项羽虽然非常勇猛，论武力堪称天下无敌，也当上了大将军，但因为小时候没有好好学习文化知识，也没有真正弄懂行军打仗的兵法，关键是他从小就不虚心好学，不肯听别人的意见，最终落得一个兵败自杀的下场。

这不免让我想起我小时候的一个同学，他也是学什么都没兴趣，他和我说："现在学这些有什么用呢？我要学商业知识，以后要当大老板，现在学的这些，以后我的秘书就可以做了。"结果呢？他后来大学也没考上，现在在做一份他非常不喜欢的普通工作，但没办法，他还要养家糊口。有一次同学聚会，他对我说他非常后悔："我最吃亏的，就是小时候没好好读书。"

老师的职责

让我们回到项羽这个故事。

你们有没有发现,在这个故事里,不仅项羽有问题,其实项羽的老师项梁,也有问题。

项羽在学习的过程中一点儿也不用心,态度非常不端正。但作为老师,项梁虽然发现了他的问题,却没有及时纠正他的错误,而是顺着他的意思来,他想学什么就学什么,对他放任自流,也不去管他到底有没有真正地掌握知识。

《三字经》里有一句,叫"教之道,贵以专"。意思是说,作为老师,千万不能对孩子不上心,放任他们去犯错误。老师们要用正确的教育方法,专心致志地去教育孩子,让学生把本领踏踏实实地学到手。

当然,在学校里,一个老师要面对几十个甚至上百个学生,人的精力毕竟是有限的,老师也没办法时时刻刻盯着我们学习。我们自己也要认识到,读书是自己的事,而不是别人的责任,所以关键还是要自己养成主动学习、专心学习的好习惯,这么做不是为了不辜负别人,而是为了不辜负自己,是为了避免自己在长大后回过头来后悔地说一句:哎呀,当时我为什么没好好念书呢?

苟不教,性乃迁。教之道,贵以专。

如果对孩子不好好教育,那么他善良的本性就会发生变化。教育之道,最可贵的就是专心致志,坚持到底。

项羽

项羽,名籍,字羽,是楚国贵族的后代,秦朝末年重要的起义军将领,参与推翻了秦朝的统治,自立为"西楚霸王"。后来他在与刘邦争夺天下的战争中失败,自杀于乌江边,死的时候只有三十岁。

3 孟子小时候,为什么要三次搬家?

> 昔孟母,择邻处。
> 子不学,断机杼。
>
> 《孟母三迁》和《断机教子》的故事是什么样的?
> 母亲对孩子的教育,到底有多重要?

我们之前说过,"人之初,性本善"的观点是由大儒学家孟子提出来的。孟子在儒家学派里的地位非常高,仅次于孔子,所以被人称为"亚圣"。

但是,就算是那些最有学问的人,也不是一出生就什么都懂的,他们的学问和成就都是靠后天的努力获得的。所以唐代著名的文学家韩愈才会说,"人非生而知之者",意思是说,人不是生来就能懂得许多道理的。

其实,孟子小时候和我们大多数小朋友一样,也是喜欢玩耍,不爱学习。那么他是怎么从一个调皮的小孩,变成一个博学多识的大思想家的呢?

《三字经》里的这句话给出了答案:"昔孟母,择邻处。子不学,断机杼。"

女性作用

《三字经》里有很多古人的典故,而第一个典故,就是孟子母亲教育他的故事,可见母亲对孩子的教育是多么重要。

孟子和母亲的故事,被详细记载在《列女传》这本史书里,顾名思义,这本书讲的就是各种女性的故事。要知道,我们古代大部分的史书,都习惯主要记录男性人物的故事,往往将女性人物当作历史的配角。但我们又知道,历史不只是由男人组成的,女人在历史中也发挥着重要的作用。

所以西汉时有个叫刘向的儒学家,就编写了《列女传》这部史书,专门记载那些重要的女性历史人物的故事,一共描绘了上百个女性人物。其中,就有孟子的母亲孟母的故事。这也是中国历史上,"孟母"这个名字第一次出现在史书里。

《三字经》里的"昔孟母,择邻处"这句话,就来自《列女传》记载的"孟母三迁"的事。

三次搬家

在孟子小时候,他的家很靠近一片坟地。

在大人的眼中,坟地一般都是阴森森的,还挺吓人。但是在顽皮的小孩子眼里,就算是可怕的坟地,也能成为他们玩耍的地方。

中国人很注重祭拜祖先，所以平时经常会有人去坟地中扫墓、祭拜亲人，也会有人到坟地里办理丧事。结果，孟子和他的小伙伴们看到这些景象之后，就经常跑到坟地里玩办丧事的游戏。

这个情况，最终被孟子的母亲发现了。在了解情况后，孟母并没有简单粗暴地去打骂孟子，而是冷静地思考：怎么样才能从根源上解决这个问题呢？很快，孟母就决定，只有改变成长环境，才能让孟子健康地成长。于是，孟母就带着孟子搬家了，把家搬到了一个市场的旁边。

少年孟子来到市场边居住后，确实没办法再跑去坟地胡闹了。可是孟母没想到，孟子每天都跑到市场里玩耍，还学会了不少新花样。比如，孟子会模仿市场里的商贩，跟着他们一起吆喝叫卖，还会模仿那些顾客，装模作样地逛来逛去，挑挑拣拣。据说，孟子还会津津有味地观看屠夫杀鸡宰羊。这下，市场又成了孟子的游乐场，读书学习的事情又被他抛到脑后了。

看到这里可能有人会说：这不是也挺好的吗？从小就培养商业头脑，孟子长大后说不定就是个大企业家呢！

听上去似乎挺有道理，但其实这是用现在的眼光在看过去。在中国古代相当长的一段时间里，包括孟子生活的那个年代，读书才是正经事，才是会被人尊敬的，所以有句话叫："万般皆下品，惟有读书高。"而做生意的人，在那个时代地位很低，是被人看不起的，在有些朝代，生意人的孩子连参加科举考试的资格都没有，大家熟悉的唐代大诗人李白就是这样失去科考机会的。

所以，孟子天天去市场上看别人怎么做生意，孟母觉得还是不行。想来想去，孟母决定继续搬家！

这次，孟母给新家找到了个学宫旁边的好位置。所谓"学宫"，就是当时的高等学府，在战国时代，很多大学者和贵族官员都会去学宫里讲学授课，交流礼仪和文化知识。孟子住到学宫旁边之后，每天都在学宫附近游荡，观察进出学宫的学者们，很快就学会了鞠躬行礼。孟母一看，孩子住到这个地方之后，不用催促，他自己就开始学习礼仪和知识了，她高兴地说："这才是适合孩子居住的地方啊！"

于是，在孟母的教育和努力下，孟子终于拥有了比较良

好的成长环境。

断机教子

但是只有环境还不够,孟子依然是个调皮贪玩、不喜欢学习的小孩。

所以,孟母又通过其他方式,去教育和感化孟子,让他明白学习知识的重要性,养成学习的好习惯。《三字经》里"子不学,断机杼"这句话,讲的就是孟母"断机教子"的故事。

孟母送孟子去上学之后,孟子在学校里每天浑水摸鱼,得过且过,一点儿也不愿意用功读书。有一天,孟子放学回家,孟母正在家里织布。看到孟子回来了,孟母就很关切地问他:"你在学校学得怎么样呀?"

没想到孟子看起来很无所谓的样子,漫不经心地说道:"跟过去差不多,就那样呗!"

孟母想了想,就当着孟子的面,把织布机上刚织好的布全剪断了。孟子一看母亲这么生气,感觉有点害怕,就问母亲:"您为什么发这么大的脾气呢?"

孟母说:"你想想看,你荒废学业,其实就像我剪断这些布一样,是自毁前途啊!那些有德行的君子,通过学习来树立名望,通过提问来增长知识。有了名望和知识,他们才能平安无事，说话办事也不会招来祸患。可是，如果你继续荒废学业，那你将来就要做最辛苦的工作，而且还没有办法避免灾祸的到来啊！"

孟子听到这些道理之后，深受触动，下定决心，端正学习态度，从早到晚都在用功读书，还主动去请教有名望的学者，最后终于成了天下有名的大学问家。

知识卡

昔孟母，择邻处。子不学，断机杼。

当年，孟子的母亲为了孟子能好好成长，就搬家选择好的环境。孟子不爱学习，孟母就把织布机上的布都剪断了，以此教育他不能半途而废、自毁前途。

人非生而知之者，孰能无惑？

出自唐代著名文学家韩愈的散文《师说》。这句话的意思是，人不是生出来就能懂得许多道理的，谁能没有疑惑呢？所以，我们要去接受教育，善于找老师请教问题。

孟母三迁

这是孟子母亲为了让孟子更好地成长，搬了三次家的故事。它后来被用于形容家长对孩子教育的重要性。

4 中国古代的"好爸爸",是什么样的?

> 荀季和,有义方,教八子,名俱扬。
> 荀季和为什么要让孩子去接待客人?
> 窦燕山花光积蓄,为孩子做了什么?

在章太炎先生重订的《三字经》里,有这样一句话:"荀季和,有义方,教八子,名俱扬。"意思是说,有一个叫荀季和的人,他很会教育孩子,所以他的八个儿子都很有出息,都成了很有名望的人物。

我们在上一篇说了母亲的教育对孩子成长的重要性,本篇,我们就来讲一讲父亲对孩子的培养有多重要。

辞官教子

《三字经》里提到的荀季和,名字叫作荀淑,是东汉时期一位有名的大学者,也是战国时代著名的儒学家荀子的后代。

根据史书记载，荀季和"少有高行，博学"，也就是说他从小就非常好学，且品学兼优。荀季和不仅学问很好，而且非常有见识，所以大家都说他"知人"——能把别人给看透。对家长来说，这种"知人"的本领是非常重要的，正是因为荀季和有这样的能力，他才能摸清楚每个孩子的性格和兴趣，用最合适的方法去教育孩子，让自己的每个孩子都成为栋梁之材。

荀季和做过官，可是东汉的官场比较复杂，所以他官做得不太顺利。没过几年，荀季和干脆辞官回家，专心去教育自己的孩子。不过，别看荀季和做官的时间不长，他的名气可不小！他为人正直，很有气节，对待工作也非常认真，做出了很多成绩，当时人们送了他一个称号——"神君"，意思是他的才华和能力不一般，就像神明一样厉害。

荀季和在做官的时候，东汉朝廷里很多官员都拜他为师，想要做他的学生。当时朝廷里最有名望的官员叫作李膺（yīng），被人称作"天下楷模"，也是荀季和的学生。李膺对荀季和老师的评价特别高，他说："荀君清识难尚。"意思是说，像荀季和老师那样的高明的见识，真的是很难被人超越的。

辞官回家以后，荀季和一边读书提升自己的修养，一边培养自己的儿子和孙子。在荀季和的经营之下，一家人的生活越来越好，他家成了当地很富裕的家庭，这也让他的每个孩子都有条件去读书。

那么，荀季和是怎么教育自己孩子的呢？

荀氏八龙

荀季和有一个同乡，也是个大学问家。

这天，这位同乡带着自己的儿子和孙子来拜访荀季和。他们到了荀季和家之后，荀季和就安排自己的儿子们去招待他们。其实，荀季和这样做，也是在锻炼自己孩子为人处世的能力。

荀季和先是安排自己的三儿子站在门口，让他去迎接和招待这些客人，以此锻炼他待人接物的技巧。接着，荀季和让自己的六儿子在饭桌上给客人们敬酒，锻炼他的口才。荀季和还让另外的六个儿子为大家端菜、上饭，虽然看起来这些都是仆人们干的活，但其实，荀季和是在锻炼孩子们接待

客人的礼仪。

在接待客人的时候,荀季和怀里还抱着自己非常疼爱的宝贝孙子荀彧(yù)。熟悉《三国演义》的同学,肯定知道荀彧这个人。荀彧从小就跟着爷爷荀季和学习知识、礼仪,被人称为"王佐之才",说他是能够辅佐帝王的人才。后来在东汉末年,荀彧成了曹操的重要谋士,果然成就了一番大事业。

在荀季和这个好爸爸的教育下,八个儿子都成了非常厉害的学者,被当时的人称为"荀氏八龙",说是荀家的八个儿子,就像八条龙一样厉害。而且,荀季和的儿子们也像父亲那样,认真地培养自己的儿子,把荀季和的教育方法传承了下来。在荀季和的后代中,出现了上百个青史留名的人才。

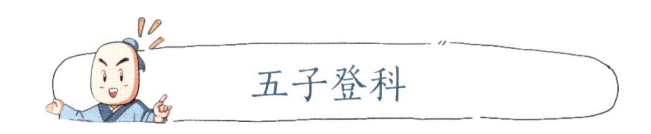

五子登科

我们之前说过,《三字经》其实有好几个版本,荀季和的故事是民国时期章太炎先生专门加进《三字经》里的。

在王应麟版本的《三字经》里,也强调父亲对于孩子的教育是非常重要的,但王应麟举的不是荀季和的例子,而是五代时期一个叫作窦燕山的人的例子。那句话是,"窦燕山,有义方,教五子,名俱扬"。这个窦燕山教育孩子也是非常厉害的,北宋著名的文学家范仲淹为了拿窦燕山的例子来教育自己的孩子，专门为窦燕山写了一篇传记，详细地记录了窦燕山的故事。

在窦燕山很小的时候，他的父亲就去世了，窦燕山是跟着母亲长大的。正是因为自己从小就缺乏父爱，所以窦燕山比别人更明白，父亲在孩子的成长过程中是非常重要的，也非常渴望自己有一天能当上爸爸，好好和孩子们相处。

我们知道，古代人的平均寿命相对没那么长，所以，古代人结婚生孩子都比较早。可是，窦燕山直到三十多岁才有了第一个儿子，这在古代绝对算得上是老来得子了。窦燕山本来就非常渴望当上爸爸，再加上老来得子，肯定比别人更珍爱自己的孩子。

不过，窦燕山虽然很疼爱自己的孩子，但一点儿也不溺爱他们。他省吃俭用，用自己多年来的积蓄，为孩子们办了一所学校。他建造了四十间书房，购买了上千册书卷，还出高价请来了当地最好的老师，来教育自己的孩子。而且，窦燕山一点儿也不自私自利，如果有穷人家的孩子没钱读书，上不起学，窦燕山就免费让他们来自己办的学校里读书。

在窦燕山的教育和陪伴下，他的五个儿子学习非常好，后来都在科举考试中考中了进士，在朝廷做了大官。我们现在有句祝福的话叫"五子登科"，就是源于此。

无论是荀季和还是窦燕山，他们的故事都说明了一个问题：在孩子的成长教育中，与妈妈一样，爸爸也扮演着非常重要的角色。你们说对吗？

窦季和,有义方,教八子,名俱扬。

有一个叫窦季和的人,他很会教育孩子,所以他的八个儿子都很有出息,都成了很有名望的人物。

荀彧

东汉末年的政治家和思想家,最先投奔袁绍,后来成为曹操帐下的顶级谋士,在曹操统一北方的过程中起到了至关重要的作用,甚至被人认为是曹操的首席谋士。

五子登科

出自《宋史·窦仪传》,讲的是五代时期学者窦燕山的五个儿子都在科举考试里高中进士、入朝为官的事情。这个典故在今天变成了一句祝福,主要用作婚礼上的祝福词。

教育篇

5 什么样的老师，才算是好老师？

> 养不教，父之过。
> 教不严，师之惰。
> 怎样才能算是一个好老师？
> 一个好老师，对于孩子有多重要？

　　《三字经》里有这样两句话："养不教，父之过。教不严，师之惰。"意思是说，如果只是把儿女养大成人，却不好好教育他们，这是父亲的过错。如果只是教孩子知识和技术，却不严格要求他们，这就要怪老师不够负责了。

　　有人可能会问，前面不是还说母亲的教育非常重要吗？为什么是"养不教，父之过"呢？母亲没责任吗？没错，中国古代历史上虽然有很多优秀出色的母亲，但我们也必须看到，中国古代还是男权社会，也就是男子的地位要比女子高很多，当时很多妇女都不识字，因为她们从小没有受教育的机会。所以当时很多人就会觉得，把孩子养好，是母亲的责任，把孩子教育好，父亲的作用更重要。还是那句话：这是由当时的社会环境决定的。

十八个水缸

这一次，我们来说个大书法家王羲之教育孩子的故事。

王羲之是中国历史上最有名的书法家和文学家之一，他写的《兰亭集序》被人称作"天下第一行书"，可见他在书法领域的成就是非常高的。

在山东临沂的王羲之故居里，有一个小池塘，叫作洗砚池。据说，王羲之从小就非常刻苦地练习书法，他每次练完字，都要在他家门口的池塘里面洗一洗自己的毛笔和砚台。没想到，在这个池塘里洗了很多年毛笔和砚台之后，这个池塘里的水都被墨水染成黑色的了。所以，这个小池塘就被人叫作"洗砚池"。

王羲之有一个儿子，叫作王献之，这个小孩继承了爸爸王羲之的天赋，从小就开始练书法。王羲之对孩子的教育非常上心，他亲自当儿子的老师，认真教儿子写好毛笔字。当年王羲之自己学习书法的时候就非常刻苦，所以他对孩子的要求也非常高。据说，他在家中的院子里摆了十八口大水缸，让人全部装满了水。然后，王羲之把儿子王献之叫到水缸旁边，对他说："以后啊，你每次练习书法，就用这些水缸里的水来练。等到你把这院子里的十八缸水全用完，你的毛笔字就能写得有模有样了！"

虽然王羲之的这个要求听起来有点过分，但确实是有效

果的。他的儿子王献之也是个听话的好孩子，按照爸爸的要求，特别刻苦地练习书法，真的把这十八缸水全用完了。果然，王献之也和父亲一样，成了有名的大书法家。历史上，王羲之和王献之父子被称为"二王"，可见他们的地位。

在这个故事里，王羲之作为父亲，不仅履行了养育儿女的责任，还严格教育自己的孩子。王羲之既是一个好爸爸，又是一个好老师，他的儿子王献之也是一个懂事的好孩子，所以，王羲之才能把自己的本事传授给儿子，让儿子也成了赫赫有名的大书法家。

但现在，很多父母工作很忙，他们不一定能够亲自去当孩子的老师。这个时候，父母能够做的，是为孩子找到一个好老师。

三个王子

按照《三字经》里"教不严,师之惰"的说法,一个好老师,要能够严格地要求自己的学生。中国有一句古话,"严师出高徒",意思是只有严格的师父,才能培养出有能力的徒弟。

国内曾经上映过一部电影,叫作《夺冠》,讲的是中国女排的运动员们几次夺得奥运会冠军的故事。从电影里我们看到,女排队员之所以能够夺冠,离不开女排教练对她们的严格要求。教练为每个女排队员都制订了科学的训练方案,就连运动员们吃的每一顿饭,都有专门的营养师去准备。女排队员们为了能够取得好成绩,在教练的监督下,没日没夜地训练,这才能一次又一次地夺得冠军。

其实就连《西游记》里天不怕地不怕的齐天大圣孙悟空,都明白"教不严,师之惰"这个道理呢!

在《西游记》的第八十八回里,唐僧师徒四人来到了一个叫玉华县的地方,那里的城主玉华王有三个孩子,玉华王看到唐僧的三个徒弟孙悟空、猪八戒和沙和尚很有本领,就想让这三个孩子拜他们为师。

孙悟空倒是没急着答应他们,他先是问这三个王子:"你们想学什么武艺呀?"

王子们对孙悟空说:"喜欢学棍子的就跟着孙悟空师父学呗,喜欢用钉耙的就跟着猪八戒师父学呗,喜欢用杖的就跟着沙和尚师父练呗!"

孙悟空一听,觉得王子们的学习态度是有问题的,就教育这些王子说:"你们说得容易!教你们使用这些兵器的技术,其实也不难,但是你们没有基本功,只是凭着兴趣,脑袋一热就想跟我们学本事,那是不可能学好的!如果你们不好好练习,硬要我来教你们武功,这就像是不会画画的人硬要去画老虎,结果画出来只会像小狗,不伦不类!"

说完这些,孙悟空还引用了一句古人的话来教育这些王子:"训教不严师之惰,学问无成子之罪。"这句话的上半句,"训教不严师之惰",就出自《三字经》。可见,就连吴承恩笔下的齐天大圣孙悟空,都懂得《三字经》里的道理。

所以,如果有时候你觉得你的某位老师好严格啊,要求好高啊,其实并不是坏事,这是对你负责的一种表现。他完全可以对你宽松些,放任些,这样他自己也会轻松很多,但是,你觉得这样是对你的好处多,还是坏处多呢?

> **养不教,父之过。教不严,师之惰。**
>
> 如果只是把儿女养大成人,却不好好教育他们,这是父亲的过错。如果只是教孩子知识和技术,却不严格要求他们,这就要怪老师不够负责了。

知识卡

二王

在中国书法史上,"二王"指两位书法大师王羲之和王献之,他们是父子关系。

训教不严师之惰,学问无成子之罪。

出自四大名著之一、明代文学家吴承恩的小说《西游记》。上半句"训教不严师之惰"化用了《三字经》中"教不严,师之惰"这句话,意思是说,不去严格地教化学生是老师的怠惰;而后半句的意思是:如果有了严格的老师,却还是学不好,就是学生的过错了。

教育篇

6 文化名人小时候都用功读书吗？

子不学，非所宜。
幼不学，老何为？
为什么我们知道的历史上的文化名人，小时候都是用功读书的？没有反例吗？

　　《三字经》里有这样两句话："子不学，非所宜。幼不学，老何为？"

　　这两句话的意思是，一个孩子不愿意学习的话，肯定是不对的。如果一个人在年轻的时候都不愿学习，那么等年老的时候，他又能有什么作为呢？

　　其实古代有很多诗歌都表达过类似的意思。汉朝有一首乐府诗，叫作《长歌行》。这首诗的最后一句，我相信我们每一代人应该都从小听到大："少壮不努力，老大徒伤悲。"意思是说，如果你年轻的时候不努力学好本事，你长大后就只能悲伤和后悔了。

　　下面想说个颜真卿的故事。学过书法的，肯定听过这个名字，因为我们学书法最先学的，一般就是颜真卿的"颜体"。

颜真卿的"劝学"

颜真卿三岁的时候,父亲就去世了,他从小和母亲相依为命。为了改变自己的命运,颜真卿每天天还没亮就起床学习。当别的小孩都在外面调皮打闹的时候,颜真卿也能沉下心去用功读书。

果然,功夫不负有心人,颜真卿在二十五岁的时候就考中了进士,之后入朝当官,为国家和百姓做了许多事情,实现了自己的抱负。后来,颜真卿希望更多的孩子能够像自己一样用功读书，走上人生的正路，就写了一首诗，叫作《劝学》。诗是这么写的：

"三更灯火五更鸡，正是男儿读书时。黑发不知勤学早，白首方悔读书迟。"

意思是，在每天天亮之前，我们就应该起床开始读书了，如果我们年少的时候不知道早早起床去刻苦学习，等我们年老的时候，可就连后悔都来不及了。

看完这个故事，你可能会觉得，历史上的文化名人，哪个不是从小时候就用功读书的。

但其实这叫作"幸存者偏差"——因为那些小时候读书不用功的人，长大后大多没能达成什么成就，也就很难在漫漫文化历史长河中留下自己的名字。

当然，并非没有例外，只不过大多是作为教训和反面教材来让后人知晓的。

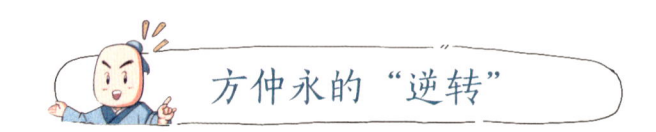

方仲永的"逆转"

北宋时期有名的政治家和文学家王安石，就曾经记录过这样一个故事。

在过去的封建社会里，大部分农民自己都不认识字，也就没有让孩子读书学习的习惯。可是，在一个小村庄里，却出现了一个大神童，他叫作方仲永。

方仲永直到五岁，都没有学过读书写字。没想到有一天，这个孩子竟然跟家里人说，他想要纸和笔墨，想写点东西。方仲永的家人借来了纸和笔墨给他，结果从来没碰过笔的方仲永竟然一挥手就写了一首诗，还署上了自己的名字。方仲永的家人都不识字，不敢确定这个五岁小孩写得到底好不好，就把诗拿给村子里的一个秀才看。秀才一看，方仲永这诗写得真不错，一点儿也不像是孩子写的，可见他非常有天赋！

于是大家都说，方仲永这孩子，简直是一个天才。

如果方仲永这样的天才接下来能够像颜真卿那样起早贪黑地用功读书，那他将来很可能会有一番大作为。但方仲永却没有去学校里面上学，也不去读书。他每天跟着父亲一起，去村子和县城里表演写诗题字的手艺。时间一年一年过去，方仲永一直都没有读书上学，他的天赋和才华就这样全被浪费了。

等到方仲永二十岁的时候，王安石想起来，当年好像村子里有一个天才神童，叫作方仲永，现在怎么没有他的消息了？别人告诉他，方仲永这些年一直没有好好学习，现在一点才华都不剩了，和普通人已经没什么区别了。

这就是著名的"伤仲永"的故事。

可能有人看到这里，也会有反对意见：据我所知，未必吧！有些名人小时候也是成天玩乐，不好好读书的，但他们依旧青史留名了啊！

还真有这样的人。下面我们来看一看唐代大诗人韦应物的故事。

韦应物的"后悔"

韦应物出生在整个唐朝最繁荣的时期,他的家族是首都长安城里一个有钱有势的大贵族。韦应物在年轻的时候,是一个标准的少爷。关键是,作为贵族子弟,他就算没有努力读书,皇帝也能直接帮他解决工作。所以,韦应物从小就天天游手好闲,不仅不愿意读书,还干了很多荒唐的事情。

韦应物大约十岁的时候,靠着贵族子弟的身份,当上了当朝天子唐玄宗的侍卫,这份工作能让他经常见到天子。仗着这层关系,韦应物的胆子更大了,他很快变成了长安城街头有名的流氓无赖,每天恨不得像螃蟹那样,在路上横着走。他不仅横行霸道,还经常赌博,干了很多违法乱纪的事情。后来,韦应物在诗里这样描绘当年的自己:"一字都不识,饮酒肆顽痴。"意思是自己天天喝酒享福,从来不去读书,结果连字都不认识,像个顽劣调皮的傻子一样。

但好景不长,没过几年,唐朝爆发了著名的安史之乱。

因为安史之乱,唐朝的首都长安都被叛军占领了,韦应物一下子失去了一切,官也丢了,钱也没了,还老被人欺负,受了不少苦。但这场变故也让韦应物明白,自己再也不能吊儿郎当,也没有资格去寻欢作乐了。于是,在接下来的几年里,韦应物从头开始学习读书写字,终于成了一个学者和有名的诗人。等到战乱结束之后,韦应物靠着自己的学识和能力,重新被朝廷选中,成了一个真正的好官。

你看,韦应物年轻的时候并没有好好读书,但他也因此付出了代价,好在他吸取了教训,很快就选择努力读书,最终也得到了好的结果。即便如此,韦应物还是说自己"读书事已晚"——后悔自己读书开始得太晚了,没有早点去学习,耽误了太多的时间。

所以,韦应物这个例子恰恰是证明了读书要趁早。当然,这个故事说明了一个道理,如果我们过去没有珍惜时光去好好学习,但我们只要及时改正,像韦应物那样,从现在开始,抓紧每一分钟去好好读书,将来还是有机会实现自己的梦想的。

知识卡

子不学,非所宜。幼不学,老何为?

一个孩子不愿意学习的话,肯定是不对的。如果一个人在年轻的时候都不愿学习,那么等年老的时候,他又能有什么作为呢?

少壮不努力,老大徒伤悲。

出自汉朝的乐府诗《长歌行》。意思是,如果你年轻的时候没有努力学好本事,长大后你就只能白白地悲伤和后悔了。

三更灯火五更鸡，正是男儿读书时。
黑发不知勤学早，白首方悔读书迟。

本诗为唐代文学家、书法家颜真卿的诗歌《劝学》。意思是，每天半夜三更到五更鸡叫的这段时间，正是我们起床开始读书的时候。年少的时候不知道早早起床去刻苦学习，等到年老的时候，可就连后悔都来不及了。

安史之乱

在唐玄宗时期，唐朝将领安禄山与史思明背叛唐朝后发动的战争。这场叛乱战争持续了整整八年，导致唐朝人口大量丧失，国力锐减，也成了唐朝由盛转衰的标志。

7 为什么要学习礼仪？

玉不琢,不成器;
人不学,不知义。
为人子,方少时,
亲师友,习礼仪。

不学礼,为什么不能立足?

礼重要,还是法重要?

　　我们都知道,中国人喜欢玉器,大家肯定都在商店里看到过玉镯、玉佩这些东西,但不知道有多少人看过它们被打磨的过程。这些美丽的玉器,其实一开始都只是石头模样的原料。它们是经过玉石工匠不断的打磨和加工,才变成精致漂亮的工艺品的。

　　《三字经》里也有一句和玉器打磨有关的话:"玉不琢,不成器;人不学,不知义。"意思是说,人就像那玉石一样,如果没有经过打磨和雕琢,就没办法成为有用的人才。而就像玉器一样,人如果不学习,就没法知道仁义道德这些做人的道理。

　　那怎样才能学会这些做人的道理呢?《三字经》里也给出了答案:"为人子,方少时,亲师友,习礼仪。"意思是说,我们从小就要主动去亲近我们的老师和朋友，从他们那里学习为人处世的礼仪。

上一篇说了读书的重要性。书本能为我们带来知识，让我们将来有所成就。但我们若从小只会读书，甚至死读书，也是不可取的，最后很可能会变成一个没法融入社会的书呆子。我们还需要学会做人，树立正确的人生观，这就需要我们去学习礼仪。

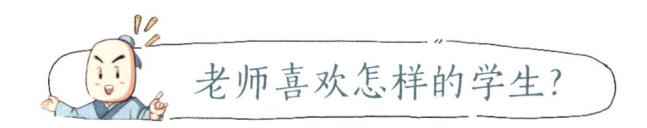

老师喜欢怎样的学生？

来看个明代大学者宋濂的故事。

宋濂曾经给自己的一个同乡晚辈写过一篇文章，讲述了自己当年读书求学的经历。

宋濂小时候，家里面非常穷，连书本都买不起，几乎上不起学。但是，他却非常好学。成年后，他特别想去找好老师来教自己学问。后来，宋濂听说百里之外有一个同乡前辈，非常有学问。宋濂为了请教问题，跑到一百多里地外去拜访这位前辈。

前文说过，"教不严，师之惰"，好的老师一般都比较严格，这位前辈也不例外，对学生非常严厉。所以，宋濂摸清楚老师的脾气之后，是这样和老师相处的：

"我在向这位老先生请教问题的时候，都是恭敬地站在他旁边，俯下身，侧着耳朵去向他提问的。有时候，我也会被他训斥，这时候，我的表情会更加恭敬，对老师的礼仪也会更加周到，默默地去聆听老师的教诲，从来不会顶嘴。不一会儿，等到老师气消了，我再去向他请教问题。所以，尽管我不怎么聪明，但因为这种求学的礼仪和态度，还是从老师那里学到了很多。"

就这样，宋濂从一个穷小子，变成了一个德高望重的大学问家，自己也有了很多学生。之所以专门给这个同乡晚辈写文章，宋濂是这样说的：

"这个学生不仅很有才华，而且非常懂礼貌，和我谈论问题的时候，言语很温和，态度也很谦虚恭敬，真是一个既好学又懂事的好学生啊，所以我才要专门给他写这篇文章。"

宋濂的故事告诉我们：哪怕你再有才华，在向老师请教或学习的时候，也要注意礼貌和态度。

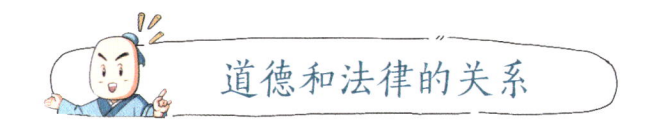

道德和法律的关系

那么，学习礼仪，只是为了讨老师的欢心吗？

当然不是。如果不学习礼仪，不懂得人情世故，我们甚至没有办法在社会中立足。

说这话的不是别人，正是大名鼎鼎的孔子他老人家。看过《写给孩子的论语课》这本书的同学，应该对这句话有印象。

有一天，孔子站在家里的院子里思考问题。这时候，他的儿子孔鲤正好路过。孔子就问儿子："你现在开始学习《诗经》了吗？"

孔鲤说："爸爸，我还没开始学呢。"

孔子一听，就对儿子说："不学诗，无以言。"意思是说，要好好学《诗经》啊！如果你没学好《诗经》，你可就没法恰当地表达自己的想法了。

孔鲤听到爸爸这么说，就回去认真地学习《诗经》。过了一段时间，孔鲤又在院子里碰见了老爸。没想到，这次孔子不问他《诗经》的问题了，而是问他："儿子，你开始学礼了吗？"

孔鲤摇摇头说："没有。"

孔子语重心长地对儿子说："不学礼，无以立。"意思是说，要好好去学一学礼，不学礼，你就不知道如何在社会上立足。

这里，孔子所说的"礼"，最直接的意思就是礼节和礼仪。通过这个故事，我们可以看到，在孔子眼里，学习礼仪和学习《诗经》相比，是同样重要的。孔子甚至认为，如果没有学会礼仪，人就没办法在社会上安身立命。

为了说明"礼"的重要性，孔子还说过另外一句话："道之以政，齐之以刑，民免而无耻；道之以德，齐之以礼，有耻且格。"

这句话的意思是：用政令和刑罚来引导、维持社会秩序，老百姓固然会不做坏事、免于刑罚，但他们不会感到做坏事是令人羞耻的；用道德和礼仪来引导、维持社会秩序，老百姓不光有羞耻心，而且会自觉自愿地要做一个好人。

在前一种情况下，老百姓不做坏事，是因为害怕刑罚；而后一种情况，通过"礼"的培养和塑造，人人都在意自己的尊严，感到做坏事是可耻的，所以自觉自愿地向善。与用刑罚"逼迫"人向善比起来，后者是不是更好？

但必须指出的一点是，在现实生活中，"德"和"礼"毕竟不能完全取代"政"和"刑"，这也是我们现在追求"法治社会"，人人都要敬畏法律的原因。中国政法大学教授罗翔曾经这样描述法律和礼仪道德之间的关系："法

律和道德不是截然分开的……法律其实是对人最低的道德要求。"

举个例子。你在马路上走,看到前面有一个人掉了一个钱包。这时候,如果你去捡起来,发现里面有很多钱,再一看,那个人已经走了,你就起了贪念,把钱包占为己有,把里面的钱花掉了,这就构成了侵占罪,这就是违法行为了。

或者,你拿着钱包追了上去,又或者一直等在原地,等失主回来找的时候把钱包交还给他,这就是一件好人好事了。

法律规定你必须这样做吗?并没有,但道德让你这样做了。

所以道德的标准是高于法律的,法律只是规定你不该怎么做,是一个最低标准。

罗翔教授并没有反对孔子的观点,而是在补充和解释孔子的话。如果我们学会了礼仪,时时刻刻都用道德和礼仪来约束自己,我们想要遵守法律也是非常容易的。如果我们没有学会礼仪,我们就不知道怎么和别人相处,还随时可能会触犯法律,确实是很难在社会上立足的。所以,"亲师友,学礼仪"是非常重要的,对不对?

**玉不琢，不成器；人不学，不知义。
为人子，方少时，亲师友，习礼仪。**

人就像玉石一样，如果没有经过打磨和雕琢，就没办法成为有用的人才。人如果不学习的话，就没法知道仁义道德这些做人的道理。我们从小就要主动去亲近我们的老师和朋友，从他们那里学习为人处世的礼仪。

不学诗，无以言；不学礼，无以立。

出自孔子弟子及其再传弟子对于孔子言行记录的著作《论语》。意思是：你如果没学好《诗经》，就没法恰当地表达自己的想法；你如果没有学会礼仪，就没办法在社会上安身立命。

**道之以政，齐之以刑，民免而无耻；
道之以德，齐之以礼，有耻且格。**

出自《论语》。意思是：用政令和刑罚来引导、维持社会秩序，老百姓固然会不做坏事、免于刑罚，但他们不会感到做坏事是令人羞耻的；用道德和礼仪来引导、维持社会秩序，老百姓不光有羞耻心，而且会自觉自愿地要做一个好人。

8 古代的孝道,都是值得学习的吗?

- 香九龄,能温席,孝于亲,所当执。
- "黄香温席"是个怎样的故事?
- 郭巨埋儿"为何恐怖?
- 我们应该怎样孝顺父母?

我们都知道,中国人是很讲究孝道的。《三字经》里也记录了不少这样的故事,比如这句话:"香九龄,能温席,孝于亲,所当执。"意思是说,有一个叫黄香的孩子,他九岁的时候就懂得孝顺父亲,在冬天帮父亲暖被窝儿。这样孝敬父母的行为,是所有人都应该效仿的。

黄香温席

这句话提到的黄香的故事,在历史上非常有名,叫作"黄香温席",或者"黄香扇枕""扇枕温衾"。

元朝的时候，有一个叫郭守正①的学者，他编了一本给孩子看的故事书，叫作《二十四孝》，里面写了中国历史上最有名的二十四个孝顺父母的故事。别看《二十四孝》只是一本薄薄的小册子，它在古代的影响力还是相当大的。而"黄香温席"的故事，就在这本书里。

黄香出生在东汉时期，他家非常穷，别说请仆人了，就连住的房子都非常破旧，有点漏风，夏天热，冬天冷。我们知道，那时候也没有空调、电扇和暖气，所以古人只能用自己的意志力，熬过夏天和冬天。

黄香九岁的时候，母亲去世，他和父亲两人相依为命。为了帮爸爸分担生活的压力，所有的家务活黄香都是自己来干，吃苦耐劳。在夏天的时候，黄香每天都会拿着自己的扇子给爸爸的枕席扇风，想让床凉快一些，并且赶走蚊虫。

到了冬天，黄香每次在爸爸睡觉前，自己先去床铺上面躺一会儿，帮爸爸把被窝都暖热乎了，这样爸爸来睡觉的时候，就不会觉得太冷。后来，街坊邻居们听说了黄香这个小孩子的举动，又惊讶，又感动，把黄香当作一个孝顺孩子的榜样。人们把他的故事一传十，十传百，就连京城里的人都听说黄香孝顺父亲的事迹了。

这个故事后来被记录在了《二十四孝》这本书里，一代又一代流传了下来。

---

① 关于《二十四孝》的作者，也有郭居敬、郭居业等说法。——编者注

细思极恐

《二十四孝》是本怎样的书？这本书在古代堪称一本提倡孝道的标准书，但其实用现在的眼光来看，里面有些故事，现在未必提倡。

比如有一个"郭巨埋儿"的故事，也收录在《二十四孝》里。

西晋有个姓郭的人，他家里有个老母亲，还有个三岁的儿子。郭家穷得很，到了快揭不开锅的地步。为了给孙子多吃一口，奶奶总是省着吃。这个姓郭的人觉得这样下去不是个事儿，于是就和妻子商量："孩子嘛，以后可以再有的，但老娘只有一个，你看……"

看着面无表情的丈夫，妻子无奈点了点头。

于是，在某一天，夫妻两个在自己家后面的山坡上，开始挖一个坑。三岁的儿子被母亲抱在怀里，天真懵懂地问自己的妈妈："妈妈，挖这个坑是干吗用的呀？"

妈妈转过头，不回答。

爸爸听到后，转身对儿子笑了笑，说："乖儿，这个坑就是用来埋你的。埋了你，我们才有多余的粮食供养你奶奶啊！"

这个故事说到这里，是不是有点恐怖的感觉？把自己的儿子埋了，节省粮食来孝敬母亲，这放到现代社会肯定是严重违法犯罪的，但放到古代，则被当作孝顺的楷模来宣传。

还有个故事，叫"涌泉跃鲤"。

说的是东汉一个叫姜诗的四川人，他有个妻子庞氏。夫妻两人和母亲住在离长江六七里远的地方。姜诗的母亲喜欢喝长江水，又喜欢吃鱼，所以妻子庞氏就每天去江边取水给婆婆喝，做鱼给婆婆吃。有一次因为刮大风，庞氏取水回来晚了，她老公姜诗就说她怠慢了自己的妈妈，于是将她驱逐出家门。

庞氏也不埋怨，而是寄居在邻居家里，每天纺纱织布，然后把所有积蓄托邻居送回家中孝敬婆婆。婆婆后来感动了，叫儿子把老婆喊回来。喊她回来这天，家中院子里忽然涌出泉水，其味道和长江水一样，每天还有两条鲤鱼跃出。从此以后，庞氏就再也不用每天去长江边取水了。

看完这个故事，你是不是觉得滔滔的长江之水，都涌进了那个妻子庞氏的脑子里？

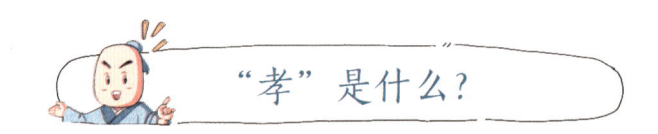

"孝"是什么？

《二十四孝》中的不少故事还有一个共同的特点：你孝顺，就会有好报，上天都会眷顾你。

善有善报，这个观念也无可厚非，但放到《二十四孝》中有的故事里，多少有点变味儿。

比如那个"郭巨埋儿"，挖坑挖到三尺深了，发现老天留给自己的一坛黄金，于是钱够了，孩子也不埋了。那么如果没挖到金子呢？

又比如那个"涌泉跃鲤"，院子里莫名其妙喷出一股泉水，那如果不喷呢？庞氏取水晚归一点就会被驱逐，今后肯定还会因为别的事不小心招惹了丈夫，"被休"估计是一个注定的归宿。

当然了，《二十四孝》里也不全是这样的故事。

比如"百里负米""亲尝汤药""行佣供母"这些故事，逻辑还是通顺的，理念也值得提倡。包括"黄香温席"的故事，虽然现在不用你去帮爸爸妈妈暖被窝了，但这份心思，也是值得我们学习的。

说到这里，可能有人就要问了：既然有一些故事不合情理，甚至违反道德，为什么《二十四孝》作为一本完整的书，还是流传了下来呢？

首先，也不是所有的书都会收录像"郭巨埋儿"这种故事，比如《三字经》，选的就是黄香温席的故事，并没有来一句"昔郭巨，埋亲儿，孝于亲，所当执"，对不对？

其次，更重要的一点是，有些道德评判标准是有时效性的。比如有些古时看起来理所当然的道德准则，放到现在的社会环境来看，就会觉得完全不是那回事，甚至荒谬。

"二十四孝"用现在的眼光来看，肯定也有不少不对的地方，但整体提倡的"孝道"本身，还是我们要传承和发扬的，只不过因为时代在发展，体现"孝"的手段和方式都在与时俱进。

2012年8月13日，全国妇联老龄工作协调办、全国老龄办、全国心系系列活动组委会共同发布了新版"二十四孝"行动标准。大家不要一看这么多这种头衔的机构，就觉得头有些大，其实这些标准中，有不少都是挺有道理的。

比如：经常带着爱人、子女回家，节假日尽量与父母共度，为父母举办生日宴会，教父母学会上网，经常为父母拍照，支持父母的业余爱好，定期带父母做体检，带父母参观你工作的地方，陪父母看一场老电影……

你看，这些标准，并不需要你付出特别多的精力，更不需要你去"埋儿"——只要有心,就能做到。而作为孩子,对爸爸妈妈来说,现阶段最大的孝顺,应该就是好好读书了吧!

中国现代的大文学家鲁迅曾经写过一篇文章,叫作《二十四孝图》。在文章里,他也对像"郭巨埋儿"这种行为表示过不同的意见,在鲁迅眼里,类似"黄香温席"这样在生活小事中孝顺父母的行为,大家还是可以去模仿的,这确实是一种比较恰当的孝顺父母的方法。

可能这也是《三字经》会收录"黄香温席"这个典故的一个原因吧。

香九龄,能温席,孝于亲,所当执。

有一个叫黄香的孩子,他九岁的时候就懂得孝顺父亲,在冬天帮父亲暖被窝儿。像黄香这样孝敬父母,是每一个小孩都应该去做的事情。

《二十四孝》

元代学者郭守正编写的一本提倡孝道的书,记录了24个孝子的故事,其中一些在后世产生了争议。

9 孔融为什么要『让梨』？

融四岁,能让梨,弟于长,宜先知。

"孔融让梨"的故事是怎样的?

他还有什么其他故事吗?

在《三字经》里有这样一句话:"融四岁,能让梨,弟于长,宜先知。"这句话里的典故,相信很多人都知道,没错,就是"孔融让梨"的故事。

这句话的意思是,孔融在四岁的时候,就知道要把大的梨子让给哥哥吃,自己吃小的梨子,这种尊敬兄长的道理,我们应该早点知道才好。在这句话里,"弟"字是个通假字,通"悌"。中国有一个词语,叫作"孝悌"。孝,指的是我们要孝顺父母,报答父母的养育之恩。"悌",指的是我们要尊敬兄长,尊重我们的兄弟姐妹,和他们和睦相处。

儒家学派的大思想家孟子曾经说过这样一句话:"谨庠序之教,申之以孝悌之义……"孟子觉得,我们如果想要拥有一个幸福和谐的社会,就要把学校的教育办好,让人人都懂

得孝顺父母、尊敬兄长的道理。自古以来,"孝"和"悌"这两个字经常被放到一起组成词语,这也说明,尊敬兄长、好好地对待兄弟姐妹,是和孝顺父母同等重要的事情。

我这一代人是独生子女的一代,而到下一代尤其是再往后,家里有哥哥姐姐弟弟妹妹,已经毫不稀奇了,那学会怎么和兄弟姐妹们相处,就更重要了。

书香门第

再来说说孔融小时候的故事。

孔融是东汉末年著名的文学家,他和儒家学派的创立者孔子一样,都姓孔,也都是山东曲阜人。

其实这不是巧合，因为孔融就是孔子的后代，他的家族也是传统的读书人家，可谓书香门第。孔融的长辈们都是读书人，有不少人曾经在朝廷里做过官。

根据史书的记载，孔融在四岁的时候，就非常聪明了。有一天，孔融的家人拿来一些梨子，要分给孩子们吃。要知道，在中国古代，就算在生活水平不错的读书人家，水果也是非常难得的美味，一般的小朋友见到了，都是争着抢着，想要拿到大一点的水果。可是，孔融却拿了一个最小的梨子吃。

大人们看到这样的景象，有点疑惑，就问孔融："你为什么拿小的梨子，而不拿大的梨子吃呢？"

四岁的孔融对大人们说："我是家里最小的孩子，年龄小，吃得也少，按照道理来说，就应该拿最小的梨子吧。"

家族里的大人们都没想到，这么小的孩子就能懂得长幼有序的道理，亲戚们都觉得，这个孩子这么聪明，将来肯定很有出息。

兄弟情深

在孔融十六岁那年，家里又发生了另一件事情。

在孔融生活的东汉末年，朝廷的政治比较黑暗，很多太监掌握了权力。当时，有一个叫张俭的官员，因为刚正不阿，所以非常有名望。这一年,张俭向朝廷举报一个太监贪污腐败的罪行,因此得罪了那个太监。太监就下令,要把张俭抓起来杀死。张俭和孔融的哥哥孔褒既是曾经的同事,也是很多年的好朋友。张俭实在没办法,就想要投靠孔褒,让他暂时收留一下自己,想避避风头。

张俭逃到了孔家,结果发现孔褒不在家,只有他弟弟孔融在家。张俭觉得孔融才十六岁,不过是个小孩子,就没有告诉他到底发生了什么事,想要等孔融的哥哥回来以后再说。没想到孔融早就看出来张俭是逃到自己家里来避难的,就对张俭说:"既然我哥哥暂时还没到家,那就让我来做主,你在这里住下吧!"

后来,孔融和孔褒受到这件事情的连累,和家人一起,都被抓到监狱里了。审理这个案子的长官表示:谁收留了张俭,谁就得被杀死。

一听到这话,孔融立刻站出来说:"是我收留的张俭,所以有罪的人应该是我,让我去死吧,我家人是没有罪的!"

孔褒一听到弟弟这样说,也立刻说道:"张俭来找的人是我孔褒,不是我弟弟孔融,所以有罪的人应该是我,让我去死吧,我心甘情愿!"

这时候,孔融和孔褒的母亲也站出来说:"应该是年纪大的人来承担责任,这个家是我来做主的,所以是我有罪,杀掉我才对!"

你看,孔融孝顺父母,敬爱兄长,想为家人们承担罪责;

孔融的哥哥疼爱弟弟，想为弟弟顶罪；而他们的母亲疼爱自己的孩子，甘愿代替孩子们去死。当时，不论是审理这个案件的长官，还是当地的百姓，都被孔家一家人那深深的情谊感动了。

最后，朝廷还是杀掉了孔融的哥哥孔褒，但因为这件事，更多的人知道了孔融的孝悌之心。后来，孔融像哥哥一样，进入朝廷做了大官，但因为看不惯有权有势的曹操，屡次三番地嘲讽他，最终，恼羞成怒的曹操找了个借口，将孔融一家都杀了。

其实孔融在成年后，并没有给我们留下太多的故事，千百年来口口相传的，倒是他小时候让梨的这个故事。这当中当然有《三字经》的功劳，也因为孔融身上体现出的这种兄弟之间相亲相爱的精神，是我们中国人一直所提倡并且传承的。

知识卡

融四岁，能让梨，弟于长，宜先知。

孔融在四岁的时候，就知道要把大的梨子让给哥哥吃，自己吃小的梨子。这种尊敬兄长的道理，我们应该早点知道才好。"弟"，通"悌"，指尊敬兄长，兄弟姐妹之间互相敬爱。

谨庠序之教，申之以孝悌之义，
颁白者不负戴于道路矣。

出自战国时期儒家学派代表人物孟子及其弟子的著作《孟子》。意思是，如果我们把学校的教育办好，让人们懂得孝顺父母、尊敬兄长的道理，道路上就不会有白发苍苍却还在从事重体力劳动的人了。

常识篇·天地

10 中国古代人的数学水平如何?

> 首孝弟,次见闻。
> 知某数,识某文。
> 一而十,十而百,百而千,千而万。
> 我国的数学是怎样发展起来的?
> 中国古人是怎样算数的?
> 阿拉伯数字为什么没有彻底取代汉字数字?

《三字经》里有这样两句话:"首孝弟,次见闻。知某数,识某文。"意思是说,一个人在懂得了孝敬父母和与兄弟姐妹友善相处的道理之后,也要多多学习看到和听到的知识。我们要学习数学的知识,知道怎么算数;还要读书认字,学习文化知识。

而后面一句"一而十,十而百,百而千,千而万"意思是说,我们用的是十进制的计数方法,所以如果从"一"开始数数,先能数到"十",然后能数到"一百"。我们如果继续数,就能成千上万地一直数下去。这句话也让我们知道,中国古代的孩子学习数学知识,也是从最基本的数字学起。

在一些人的印象里,中国古代虽有光辉灿烂的文化,但好像基本没怎么听说过数学知识。

那么，我们老祖宗的数学究竟怎么样呢？

天文和占卜

早在两三千年前的周朝，贵族人家的孩子就必须学习数学了。可见，古人对于数学知识是非常重视的，只要有条件，一定要让自己的孩子去学习数学知识。

但那时贵族让自己的孩子学习数学，是因为他们相信只有学好数学，才能了解自然的规律，懂得治理天下的方法。

在周朝，人们还相信鬼神的存在，如果想要做什么事情，却又拿不准主意，他们就要去占卜。当时，人们在占卜中也要用到数学，他们还设计出了一些今天的人很难去解释的神秘图案，这些图案都包含着复杂的数学知识。我们的老祖宗相信，人的命运和数学是有关系的，直到今天，我们还把命运叫作"命数"，把变化叫作"变数"。

在中国，数学还有一个很重要的用处，那就是确定天上星星的运转规律，这也就是天文历法。只有知道了这些规律，人们才能推测出四季变化的时间，知道什么时候应该去播种，什么时候能够收获。

为了研究这些内容，中国古代的数学家努力去研究和整理数学知识，比如《周髀（bì）算经》和《九章算术》，都是很重要的数学著作。在这些著作里，中国人提到了许多数学定理和运算法则。比如著名的"勾股定理",也就是"一个直角三角形的两条直角边的平方和等于斜边的平方",就是《周髀算经》里记载的(这个定理在西方叫"毕达哥拉斯定理",是由古希腊的数学家、哲学家毕达哥拉斯发现的)。为了解决天文学、建筑学、军事学等领域的各种问题,中国历史上出现了非常多的数学家和数学著作。所以,在很长一段时间里,中国的数学都是处于世界领先水平的。

算筹和算盘

那么,古代的中国人又是怎么去算数的呢?

大家还记得自己小时候是怎么计算1加1等于几的吗?是不是先伸出一根手指,再伸出一根手指,然后再数一数,一共伸出了几根手指?

其实这种数手指的计算方法,和我们老祖宗算数的方法是比较接近的。只不过因为手指的数量太少,不够去计算比较大的数字,所以,上古时代的人们就用小木棍、野兽的骨头、竹条这样的东西来计算数字。当时的人管这些计算的工具叫作"算筹"。按照《孙子算经》的记载,在晋朝的时候,人们已经能够用木条、竹片这样的算筹去计算乘法、除法,甚至还能进行一些更加复杂的运算。

到了唐朝、宋朝的时候,中国的经济非常繁荣,商业也很发达。这时候，虽然大家也能用算筹来计算，但每天带着一堆木条去做生意和算账，还是太麻烦了。所以，中国人就根据算筹的原理，发明了一种更好的计算工具，那就是著名的算盘。

人们把原来用来计算数字的那些竹片木条，改成了一颗又一颗的小木珠，也就是"算珠"。在一架算盘里，挂着很多这样的算珠，不同的算珠代表着不同的数字。这样，人们就能用算盘非常快速地进行各种各样的计算了。

宋朝著名的画作《清明上河图》里，画着一家店铺，铺子里的柜台上就摆着一架算盘。可见到了宋朝的时候，算盘已经非常普及了。直到现在，还有些商店老板、老会计师傅在使用

算盘进行运算。20世纪90年代初，各个小学里还会有专门的算盘课，学生每人都要带着一个算盘，学习如何用算盘。

再来说说数字。我们现在日常生活中最常用的数字，并不是我们汉字的一、二、三、四、五或其大写（壹、贰、叁、肆、伍），而是阿拉伯数字1，2，3，4，5。

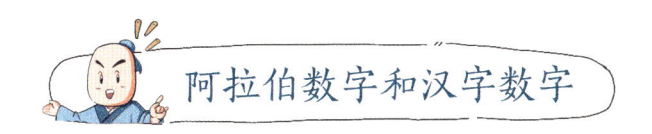

阿拉伯数字和汉字数字

阿拉伯数字其实并不是阿拉伯人发明的，而是印度人发明的。

那为什么会叫阿拉伯数字呢？原来，在公元8世纪左右，阿拉伯人和印度人发生过一些战争冲突，也进行过一些贸易往来。在文化交流的过程中，阿拉伯人接触到了印度人发明的这些数字，觉得这种计数方法非常先进，很多阿拉伯商人为了在做生意的时候更方便，就开始使用这些数字。

后来，欧洲人在和阿拉伯人做生意的时候，也觉得这套数字真好用，便也使用这些数字来计算。因为欧洲人是从阿拉伯人那里学到这些数字的，所以就将这些原本是印度人发明的数字，称为阿拉伯数字。

其实，阿拉伯数字在一千多年前就随着佛教一起，流传到了中国。不过，我们中国人一直都用汉字数字，当时的人们觉得，没必要再用阿拉伯数字来替代汉字了。而且阿拉伯数字虽然写起来非常方便，但很容易出现一些问题，比如说，阿拉伯数字是很容易被人修改的。举个例子，如果你在"10"这个数字后面加上一个"0"，这个"10"不就被改成"100"了吗？或者，如果你在"1"这个数字上面加一横，它不就被改成"7"了吗？

因为阿拉伯数字很容易被人涂改成别的数字，而我们大写的汉字数字是很难被人简单地涂改的，所以，直到今天，在我们的银行系统里，填写金额的时候，依旧要求使用我们中国的大写汉字数字。

所以，你不要觉得咱们的老祖宗只重视诗词歌赋，不重视数学，其实数学在我们古代也是很重要的一门学科，并且中国的数学曾经长时间领先于世界。其实直到现在，我们仍可以看到，各种数学竞赛拿到好名次的往往是中国人或华裔，这背后可能也有一种看不见摸不着的传承和联系吧。

总而言之，要学好语文，也要学好数学，不要偏科啊！

> 首孝弟，次见闻。知某数，识某文。
> 一而十，十而百，百而千，千而万。
>
> 一个人在懂得了孝敬父母和与兄弟姐妹友善相处的道理之后，也要多多学习看到和听到的知识，要知道怎么算数，还要去读书认

知识卡

字，学习文化知识。在数学方面，我们用的是十进制的计数方法，所以我们如果从"一"开始数数，先能数到"十"，然后能数到"一百"，这样成千上万地一直数下去。

《周髀算经》

中国现存最古老的天文学和数学著作，原名《周髀》，成书于西汉或更早。这本书主要用于确定天文历法，揭示日月星辰的运行规律，囊括四季更替、气候变化的知识。唐初规定它为数学教材之一，故改名《周髀算经》。

11 "天地人"为什么那么重要？

三才者，天地人。
三光者，日月星。
不同？
中国的创世神话与西方的有什么
"天地人"的观念已经过时了吗？

在我们小学一年级语文课本的"识字"第一课，最先教的三个汉字，是"天""地""人"。由此可见，天、地、人，对我们中国人来说，是非常重要的。

而《三字经》里也有这样两句话："三才者，天地人。三光者，日月星。"

这两句话里一共出现了六样东西：天、地、人、日、月、星。你如果仔细品味，不难发现：六样东西里，有五样东西都是自然界的客观事物——天、地、日、月、星，只有一个东西和其他五个完全不是一类的，就是"人"。

从某种角度来说，日、月、星都可以属于天，所以《三字经》里这两句话，其实就是围绕天、地、人来说的。

从古至今，我们中国人为什么这么重视"天地人"？

东西方创世神话的不同

"天地人是三才"这个说法,其实最早不是出自《三字经》,而是出自中国一本神奇的古书《易经》,《三字经》只是引用了这个概念。

"天地人"这个概念,在我们中国的文化中特别重要。

先来看看"天"和"地"。

在世界各地的古代文明中,关于"天地",也就是我们生存的这个世界是怎么形成的,有各自的说法,但它们有个共同的特点:由"神"创造的。所以这种类型的传说,有一个专门的词语来表述,叫"创世神话"。

中国的创世神话的主角,是一个叫盘古的人。

在我们的传说中,天和地在远古时期是连接在一起的,就像一颗鸡蛋一样,里面一片漆黑。一个叫盘古的人用一把斧子把这个"鸡蛋"一劈为二,那些又轻又清的东西飘了上去,形成了天,那些又重又浊的东西沉了下去,变成了地。所以这个神话后来演变为一个成语,就是"开天辟地",而盘古就是那个开天辟地的人。这个成语我们现在主要用来形容做从没有人做过的事,或者说"有史以来第一次"。而盘古开天辟地,也是中国神话里关于"天"和"地"的来源。

那么中国创世神话中的"人"又是怎么出现的呢?

根据传说,人是上古的另一位大神女娲给造出来的。据

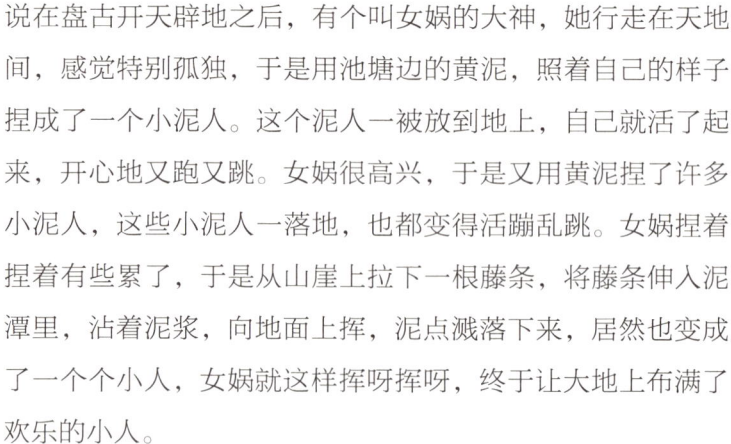

说在盘古开天辟地之后,有个叫女娲的大神,她行走在天地间,感觉特别孤独,于是用池塘边的黄泥,照着自己的样子捏成了一个小泥人。这个泥人一被放到地上,自己就活了起来,开心地又跑又跳。女娲很高兴,于是又用黄泥捏了许多小泥人,这些小泥人一落地,也都变得活蹦乱跳。女娲捏着捏着有些累了,于是从山崖上拉下一根藤条,将藤条伸入泥潭里,沾着泥浆,向地面上挥,泥点溅落下来,居然也变成了一个个小人,女娲就这样挥呀挥呀,终于让大地上布满了欢乐的小人。

这就是中国远古神话中关于"天地人"的由来。可能你一看会觉得,好像和古希腊神话、《圣经》中的故事,没什么区别呀，天、地、人都是神创造的嘛。但你仔细品一品，其实还是有点区别的。

在古希腊神话中，大地女神盖亚是从混沌中诞生的，天神乌拉诺斯又是盖亚孕育出来的。而在《圣经》里，更轻松了：上帝挥挥手，要有光，要有空气，要有陆地……于是就都有了。

你再回过头来看，我们的天、地是盘古咬牙用斧子劈出来的，盘古后来为了不让天地重合，还牺牲了。而人是女娲一个个用心捏出来的，就算后来批量生产，也花费了一番力气。

这其实表明了中国古人对天、地、人三者的看法。

中国人眼中的"天地人"

在中国的古代，和其他文明一样，上天往往是代表神的，我们也非常敬畏上天，并把一些事情归结于"天意"。

比如前文提到的西楚霸王项羽，他最终在乌江边自刎（wěn），说的是"此天之亡我"，意思是这不是我能力不够，是老天让我灭亡——当然，其实项羽自己也知道自己犯了不少错误。后来人也都有总结，这是项羽在推卸责任，他自己其实有很大的问题，不怪老天。又比如，我们中国古代的皇帝，一旦天下发生一些较大的自然灾害，比如地震啊，洪水啊，灾荒啊，就会下"罪己诏"，就是自己的检讨书，向天下百姓检讨：我肯定是做错了什么，不然老天不会降下这样的灾祸。

但其实这很有意思，说是上天的旨意，但最终还是检讨到人身上。这就是我们中国古人讲究的"天人感应"，认为上天和我们凡人不是断绝关系的，而是有内在联系的。

大地也有类似的概念。中国人是有很强的土地情结的，大地能种庄稼，能养活我们，所以我们很多时候都把大地比喻成母亲，也有很多关于农业方面的节日和祭祀，但我们的老祖宗其实也都知道，土地是否肥沃、天气是否帮忙，固然对农业非常重要，但最重要的，还是我们自己，也就是种地的农民是否勤劳。

所以我们中国人对天、地、人这三个事物，从来都不是割裂开看的，我们有一句话叫"天时地利人和"，也就是说做一件事时要把握时机、分析有利因素，还要注意处理好与其他人之间的和谐关系。

我们老祖宗当然是敬畏天地的，但也一直没有忘记人的主观能动作用，并且认为人应该在和天地的相处中，学会适应，学会发展。最有代表性的一句话来自一本叫《周易》的古书，这句话可能你们不少人也听到过：

"天行健，君子以自强不息；地势坤，君子以厚德载物。"

意思就是："天道"的运行刚健有为，我们人就要像天一样，不断进取，发愤图强，永不放弃；而"地道"的运行是厚实包容的,我们人也要像大地一样,心胸宽广,海纳百川,提升道德修养。

我们一直说,中国人有两种很重要的精神,一种是自强不息,一种是厚德载物,其来源就是一个向天学习,一个向地学习。

由此可见,"天地人"在我们中国传统文化中所占的地位是如此重要。

知识卡

三才者,天地人。三光者,日月星。

"三才"指的是天、地、人,"三光"指的是太阳、月亮和星辰。

天行健,君子以自强不息;
地势坤,君子以厚德载物。

"天道"的运行刚健有为,我们人就要像天一样,不断进取,发愤图强,永不放弃;而"地道"的运行是厚实包容的,我们人也要像大地一样,心胸宽广,海纳百川,提升道德修养。

12 "三纲"到底是什么意思？

> 三纲者,君臣义,父子亲,夫妇顺。
> "三纲"指的是什么？
> "三纲"到底是不是"封建糟粕"？
> 我们应该怎样理解"三纲"？

在《三字经》里，有这样一句话："三纲者，君臣义，父子亲，夫妇顺。""纲"这个字本来指的是"提网的总绳"，后来引申出来了"纲领""法则"的意思。在封建时代，人们说要遵守"三纲"，其实就是遵守三个重要的行为准则。

那么是哪"三纲"呢？第一个是"君为臣纲"，也就是君王要成为臣子的法度；第二个是"父为子纲"，也就是父亲要为儿子做表率；第三个是"夫为妻纲"，指的是丈夫要成为妻子的榜样。

有人说，"三纲"是封建糟粕，是应该被淘汰的东西。但你有没有想过，为什么说它是糟粕，为什么说它要被淘汰。下面，我们不妨先了解下。

有些事物，我们并非要学习它，但知道它的来龙去脉，对我们的认知其实有不小的帮助。

谁先提出的"三纲"?

我们先来讲讲,"三纲"是被谁提出来的。

最初提出"三纲"这种想法的,是战国时代法家的代表人物韩非子,也就是我们前文说过的认为"人性本恶"的那个荀子的学生。

韩非子出生在战国时代,当时天下并不太平,经常打仗,所以韩非子就想,怎样才能让天下天平呢?他觉得:

"臣事君,子事父,妻事夫,三者顺则天下治,三者逆则天下乱,此天下之常道也。"

意思是，臣子要好好辅佐君主，儿子要听爸爸的话，妻子要好好对待丈夫，只有所有人都能做到这三件事，整个天下才能太平，如果大家都不这么做，天下就会大乱了，这就是这个社会运行的规律呀。

后来到了西汉的时候，有一个大思想家，叫董仲舒，他向皇帝正式提出了所谓的"三纲"概念。董仲舒觉得，这个世界是分为阴阳两个方面的，阴的部分要和阳的部分相互配合，二者才能和谐相处。他觉得，君王是阳，臣子是阴，所以臣子要去配合君主；父亲是阳，孩子是阴，所以孩子要去配合父亲；丈夫是阳，妻子是阴，所以妻子要去配合丈夫。到了东汉时期，有个叫班固的学者，正式明确总结并解释了"三纲"。

"三纲"产生了什么影响？

过去很多时候，一说起"三纲"，就会被理解成绝对服从：大臣一定要听皇帝的，儿子一定要听老爸的，妻子一定要听丈夫的。

在这背后，有不少人是抱着目的故意这样解释的，而遵循这种解释的三纲绝对是封建糟粕。

但你仔细看《三字经》里的这句话，它强调的其实不是"服从"，而是"和谐"。

比如君臣关系，他说的是"君臣义"，这是什么意思呢？

孔子就说过这样一句话："君使臣以礼，臣事君以忠。"意思是，君主对待大臣的时候，要合乎礼节，大臣辅佐君主的时候，要忠心耿耿。

你们仔细品品孔子这句话，他主张的君臣关系，其实不是单向的，而是相互的，背后还有半句没讲："如果你君主对待我臣子不讲礼节，或者甚至你是个不好的君主，我是可以不忠的。"

当然，这句话放到现在来看，哪还有什么"君"和"臣"，但在孔子生活的年代，能提出这点，还是挺特别的。

孔子的这个观点影响了整个儒家学派。孟子也提出过："君之视臣如手足，则臣视君如腹心；君之视臣如犬马，则臣视君如国人；君之视臣如土芥，则臣视君如寇雠（chóu）。"

简单来说就是，你皇帝对待我臣子好，那我也对你好，如果你把我看作什么都不是，我也不会看重你。荀子更干脆，说的是"从道不从君"，意思就是做臣子的，只遵循正确的原则，而不是盲目听从君主。

所以在古代，很多读书人向往的是刘备和诸葛亮那种君臣关系：刘备尊重人才，可以三顾茅庐亲自去请诸葛亮，刘备在死前也把一切都托付给了诸葛亮，而诸葛亮因为刘备尊重自己、信任自己，所以鞠躬尽瘁，死而后已。

但必须指出的是，所谓的"从道不从君"，也只是儒家学派美好的理想，中国的王朝发展到后面，虽然皇帝们表面上说"对对对，应该这样"，但其实都是要求大臣不管怎样都要忠于君主,而大臣们也越来越不敢反抗,最终发展成真正的"君为臣纲"了。所以从这一点来说,它成了封建糟粕,是应该被舍弃的。

至于"父子亲"和"夫妇顺",按照我们现在的理解,其实就是父亲和孩子应该相亲相爱,做父亲的要做好榜样,做孩子的要听父亲正确的话,而夫妻之间的关系也要和顺。这好像也没什么问题吧。

所以,如果你不把"父为子纲"看成"父亲的话都是对的,不管怎样都要服从",不把"夫为妻纲"理解成"丈夫的话都是对的,妻子无论怎样都要服从丈夫、服侍好丈夫",那么"父子亲""夫妇顺"并没有什么不对的,即便放到现代社会中,也应该是被提倡的。

至于"君臣义",我们现在的社会里已经不存在什么君王和大臣了,本身就不用去讨论。

传承不是全盘接受

我们有句话叫"传承和发扬中华优秀传统文化"。

请注意,这里有一个限定词,是"优秀"。这也就意味着,不是所有的传统文化,我们都要全盘接受。比如把人分为三六九等,比如被理解为绝对服从的那种"三纲",比如一些细思极恐的所谓"孝顺",比如"女子无才便是德"……这些所谓的"传统",我们都是要加以辨别和批判的。

但换个角度来说,对于有些东西,你不妨了解下它的历史、它的演变,用辩证的眼光分析和看待,还是有意义的。

比如"金木水火土",古代人认为这是组成世界的基本元素,而且相生相克。用现代科学的眼光看,这当然是幼稚的,但你说作为一个中国人,就不用去了解"金木水火土"的概念了吗?那恐怕你连北京奥运会选用"五福娃"作为吉祥物的渊源也不知道了。

中国的传统文化博大精深,随着时代的发展,我们不可能不做取舍地全盘接受,但其中肯定有经得起时间检验的精华,是需要我们传承和发扬的。

而第一步,就是要了解它,知道它,对不对?

三纲者,君臣义,父子亲,夫妇顺。

在封建社会里,人们普遍会遵守三个重要的行为准则。第一个准则是"君为臣纲",也就是君王要成为臣子的法度;第二个准则是"父为子纲",也就是父亲要为儿子做表率;第三个准则是"夫为妻纲",指的是丈夫要成为妻子的榜样。"纲"这个字本来指的是提网的总绳,后来,引申出了纲领、法则的意思。

13 "四季"是如何产生的?

> 曰春夏,曰秋冬,此四时,运不穷。
>
> 什么是地球的自转和公转?
>
> 什么时候白天和黑夜一样长?
>
> "二十四节气"是怎么产生的?

我们都知道,一年有春、夏、秋、冬四个季节。在《三字经》里有这样一句话,讲的就是四季变化的规律:"曰春夏,曰秋冬,此四时,运不穷。"说的就是春夏秋冬这四个季节按照顺序循环往复,永远也不会停止。

在我们生活的这个世界,为什么会有四季的变化呢?

地球的公转和自转

大家应该都知道,我们生活的地球是一颗绕着太阳旋转的行星,地球绕太阳旋转,叫作公转。它公转一圈所需要的时间,就是一年。

在地球绕着太阳旋转的时候,它自己也在旋转,这就叫作地球的自转。地球自己转一圈的时间,就是一天。在这一天里，地球有的地方是朝着太阳的，所以阳光就能照射到那里，那里就是白天；此时有的地方就在太阳照不到的背面，这些地方就处于晚上。因为我们的地球会自己旋转，所以才有了白天和黑夜。

不知道你们现在家里还有没有地球仪，在我小时候，几乎每个同学家里都会有一个。你如果见过地球仪就会发现，地球仪的这个地球被固定在了一根棍子上，地球再怎么旋转，也都是绕着那根棍子的。

其实，地球自己旋转，也绕着一根（虚拟的）中间轴，这个轴叫作地轴，就像地球仪上的那根棍子一样。

地轴不是垂直于地球公转轨道面的，而是有一个倾斜的角度。因为这个角度的存在，所以太阳光直射地球的位置，也就是直射点，其实是在不断变化的。平时你出门的时候是不是也觉得，阳光直接照在自己头上是非常热的？就是因为太阳的直射点在变化，我们地球才会出现季节的变化。

从"春分"到"冬至"

在地球仪上，我们可以看到地球正中间有一条和地轴垂直的线，横穿了整个地球，它叫作赤道。如果我们沿着赤道把地球切开，地球的上半部分就是北半球，下半部分就是南半球。如果在地球仪上找一找我们中国的位置，你会发现我们整个中国都在北半球上，所以，我们这些住在中国土地上的人们，都是北半球的居民。

在每年的3月21日或20日，阳光的直射点会正好落在地球南北正中间的赤道上。

在这一天，我们一般感觉不是很冷，也不算很热，花花草草和农作物都开始茁壮生长。我们中国人管这个日子叫作"春分"，意思就是，春天刚好过了一半，到了正中间。"春"这个汉字，本义就是草木钻出土壤，开始生长。

在春分这一天，我们会发现，白天和晚上的时间正好是一样长的，都是12个小时。

春分之后，太阳的直射点一直慢慢向北移动。因为太阳在这段时间一直直射北半球，所以北半球会越来越热，春天慢慢过去，夏天就这样到来了。到了太阳的直射点移动到最靠北的这一天，也就是6月22日或21日，古人就把就这一天叫作"夏至"。

你肯定发现了，在夏天的时候，天很早就亮了，而且有时候吃完晚饭，天都还没有黑。这是因为，夏天时白天会比较长，黑夜会比较短。在夏至这一天，北半球的白天是一年里时间最长的，黑夜是一年里最短的。

夏至之后，太阳的直射点就又开始向南移动了。到了9月23日或22日的时候，太阳的直射点会重新回到赤道上面，我们中国的天气又变得不冷也不热，比较舒服。中国人管这一天叫作"秋分"，也就是秋天的正中间。在这一天，白天和黑夜又变得一样长了，都是 12 个小时。秋天是收获的季节，农作物已经成熟，很多果树上面也都挂满了成熟的果子。

秋分之后，太阳的直射点会进入南半球，并继续向南边移动。到了 12 月 22 日或 21 日这一天，太阳的直射点终于移动到最靠南的位置。中国人管这一天叫作"冬至"，意思是严寒已经彻底到来了——"冬"这个字，原来也有"终点"的"终"的意思。这段时间，北半球因为没有阳光的直射，所以变得比较寒冷，很多地方的温度会降低到零摄氏度以下，河水开始结冰，很多植物都不长叶子了，一些平时经常出现的小动物，也都因为外面太冷，躲到自己的窝里休息了。

在冬天的时候，白天变得特别短，夜晚变得很长，和夏天的时候正好相反。在冬至这一天，北半球的白天是一年里最短的，夜晚是一年里最长的。尤其在北方，本来冬天气温就非常低，再加上白天变短了，让人感觉就更冷了。所以，在冬至这一天，我国北方地区还有一个重要的习俗，那就是吃饺子。传说，因为饺子的形状很像耳朵，如果在这寒冷的冬天里不吃点饺子暖和暖和，耳朵都有可能被冻掉呢！

"春秋"是怎么来的

其实，最关心四季变化的，应该是农民伯伯。中国有一个俗语是"靠天吃饭"，说的就是我们古代的农业生产对季节和气候的变化非常依赖。

如果哪年气候发生了变化，夏天太热了，或者下的雨不够多，农民伯伯的收成就会受到影响。因为季节对于农业生产这么重要，所以在商朝的时候，我国中原地区就已经出现了"春夏秋冬"这些季节的名称。到了周朝的时候，人们又从这四个季节里，分出了八个不同的节气，来保证农业生产能够按时完成。到了汉朝的时候，中国人已经按照季节的变化分出了二十四个节气，每个季节都包含了六个不同的节气，前文说的春分、秋分、夏至、冬至都是二十四节气之一。还有我们经常听到的"清明""谷雨""惊蛰""白露"等等，都是二十四节气的名称。在不同的节气里，农民伯伯们有不同的事情要做。我们的老祖宗确实很智慧，在两千多年前，他们就把这些节气划分得非常科学。所以，二十四节气被国际

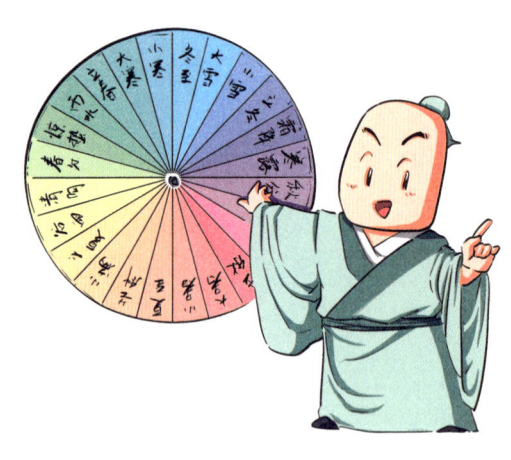

气象界誉为"中国的第五大发明",还被联合国教科文组织列为人类非物质文化遗产。

季节不仅能指导农业的生产,而且在周朝的史书里面,大部分历史事件都是依照不同季节来记载的。周朝还有一个将近三百年的时代就叫作"春秋时期"。有一位历史学家曾经说过:"以天时纪人事,谓之春秋。"意思是说,用人世间的四季变化来记录人们的故事,这就是为什么人们会将历史叫作"春秋"。

春去秋来,岁月变化,每个季节都包含着我们中华文明的历史,也保留着我们中华民族的传统文化。

知识卡

曰春夏,曰秋冬,此四时,运不穷。

春夏秋冬这四个季节,按照顺序循环往复,永远也不会停止。

以天时纪人事,谓之春秋。

出自三国时期史学家韦昭的著作《国语注》。意思是说,依据人世间的四季变化来记载人们的故事,这就是为什么(周朝的)人们会将历史叫作"春秋"。

14 古代人是怎么辨别方向的?

> 日南北,日西东,此四方,应乎中。
>
> 中国的最东、最南、最西和最北,分别是哪里?

本篇我们来说说《三字经》里的这一句话:"曰南北,曰西东,此四方,应乎中。"

这句话的意思不难理解。说到东、南、西、北,这叫作"四方";这四个方位要想定出来,必须有个中央位置对应。

东南西北这四个方向,现在已经是我们的基本常识了。在现代社会,哪怕不会辨别方向,我们只要拿出手机,就可以轻易定位东南西北,如果没有手机,指南针也是一个非常简单的工具。有人可能会说:哎呀!这两样东西我都没有怎么办?那正好,我们来看看在古代,人们是怎么辨别东南西北的。

老天爷的指示

在远古时代,人们辨别东南西北的方法其实很简单,就是看天。

说是看天,其实主要就是看太阳。古人很早就定义了太阳升起的方向是东方,太阳落下的方向是西方,而如果要相对精确地判断方向,还需要通过竖立一根杆子,不断记录杆子影子顶部的位置来实现。

那晚上没有太阳,古代人就无法识别方向了吗?

当然不是。以前有一首流行歌曲叫《星星点灯》,是我国台湾歌手郑智化演唱的,里面有一句歌词,我记得是这么唱的:"星星点灯,照亮我的家门,让迷失的孩子,找到来时的路。"这句歌词虽然有隐喻的意思,但也说出了一个事实:天上的星星是可以用来指路的。

在晚上,我们的古人主要就是靠星星来辨别方向的。

生活在北半球的先人们很早就发现,每当夜晚降临,星空中总有一颗闪亮的星星,它固定在一个地方。现代科学告诉我们,这颗星星其实也会动,但我们肉眼观察不到,所以可以忽略不计。而这颗星星永远指着正北面的方向,所以我们称它为"北极星"。

古代的空气污染远没有我们现代严重,也不存在大城市晚上霓虹灯闪烁的"光污染",所以古代在天气晴朗的晚上,

夜空中的星星能看得非常清楚。古人很容易就能发现这颗明亮的北极星，并靠它来确定方向。

有人可能会问：那不是只确定了北面的方向吗？哈哈哈，东南西北这四个方向都是固定的啊，你只要确定了一个方向，就能确定其他三个方向了，对不对？这也是《三字经》里这句话告诉我们的道理："曰南北，曰西东，此四方，应乎中。"所谓的方向，都是相互对应的。

指南针的发展

那古人就一直是靠看太阳和看星星来确定东南西北的

吗？当然不是。

按照目前学术界的一种看法，大概在春秋战国时期，我们的古人就发现了磁铁矿具有磁性的特点，并慢慢发现我们可以利用这种磁性来指示方向。在这个基础上，人们发明了一种像勺子的东西，它放在一个刻着方位的光滑的盘上，利用磁性来指示方向，这个东西被称为"司南"。

到了唐末宋初，在司南的基础上不断完善起来的"指南针"开始出现了，当时还有浮在水面上的"水浮针"。

有了指南针后，我们中国的古人辨别方向就更方便了。现在主流的观点认为，中国的指南针经阿拉伯人之手，传到了欧洲，大大促进了欧洲航海业的发展，后来的哥伦布、麦哲伦这些人探索新大陆和新世界，都离不开指南针的帮助。

时代不断发展，如今，指南针已经变得非常精确也非常方便携带了，但我们现代人如果在城市里生活，已经完全不用指南针了，因为我们开车的时候有导航系统，走路的时候有智能手机。

分享我自己的一个人生经历。我大学毕业就买了人生的第一辆车，当时车载导航并不普及，只有非常高档的汽车才会配备GPS（全球定位系统）导航，智能手机也还没有问世，所以我真的是在车子的仪表台上放了一个小小的指南针，而且随车备了一张上海市交通地图，一旦到哪里迷路了，就得靠边停车，拿出地图来仔细研究一下，然后根据指南针的指示分辨南北，到达目的地。

现在时代发展得很快，这些场景都不会再出现了。

但是你有没有想过，如果哪一天到了野外探险，或者出于各种原因你在野外无法使用手机，也没有指南针，你应该如何辨别方向？

在野外的经验

其实这个时候，你就和我们的古代人一样了，所以古代人那些辨别方向的方法，放到你身上是一样适用的。

比如通过日出和日落的方位，判断东面和西面，又比如在晚上可视度允许的情况下，寻找北极星来判断哪个方向是北。

其实除了看天，我们古代人还有很多方法，放到现代也是一样适用的。比如你身边有树的话，可以根据年轮判定方向：在北半球，年轮宽大稀疏的一面，就是南面，紧密的一面就是北面；树叶茂盛的一面是南面，稀疏的一面是北面。

如果你身边有大山，那么山上树木相对茂盛的一面是南面，稀疏的一面是北面，这些都是由北半球上的物体南面受阳光照射更多的特点决定的。

还有很多小技巧，比如蚂蚁的巢穴一般都是向南开口的，如果你带着指针式的传统手表，那么可以用一根棍子，利用太阳照射的影子和手表的指针来判定东南西北。这样的方法有很多，网上一搜就能搜到，你如果感兴趣的话，可以去搜索一下，万一哪天就用得到呢？

当然，最重要的是，千万不要在没有安全保障的情况下去野外探险，因为即便你能像古代人那样辨别东南西北，但野外还有太多太多未知的危险会危及你的生命，请一定记住！

知识卡

日南北，日西东，此四方，应乎中。

东、南、西、北，这叫作"四方"，指各个方向的位置。要把这四个方位定出来，必须有个中央位置对应。

北极星

北极星是天空中一颗非常亮的星，从地球的北半球看，它的位置几乎不变，所以古代人经常用它判定北边的方向。

司南

一种利用磁性来判别方向的中国古代仪器，被认为是指南针的前身。

15 "五行相克"和"四种元素"

> 曰水火，木金土，此五行，本乎数。
>
> "五行相生相克"是什么意思？
>
> 东方人和西方人在这一点上认知一样吗？

《三字经》里有这样一句话："曰水火，木金土，此五行，本乎数。"意思是金木水火土这五种属性，被称为"五行"，来自宇宙规律。

还记得前文的"天地人"吗，我们说这是中国古代一个重要的概念，而本篇要说的"五行"，在中国传统文化中也占有非常重要的地位。

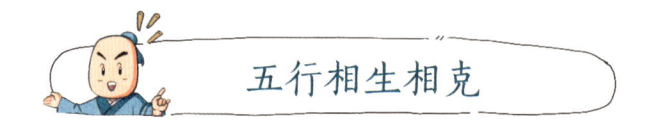

五行相生相克

在中国古人的眼里，世间万物，都是由金、木、水、火、土五类物质元素构成的，五行不仅表示这五类物质元素所呈现的特性，还蕴含它们的运行方式。

比如说水。水，主要指的就是我们今天所说的"水"这种液体，特点就是湿润而且可以流动和滴淌；木，指的是木头、竹子这类可以进行加工的固体，通过切割、镌刻的工具，它们可以变成你想要的形状；火，主要指火焰等燃烧的形态，特点是炎热；金，主要指金属，特点是大多很坚硬，并且可以通过铸造变成一个固定的样子，也可以熔炼成液态，并重新凝固形成另外一种形状；土，指的是所有土地元素，一大特点是可以培育、种植庄稼。

我们的祖先认为，世间万物就是由具有这些形态特征的物质元素组合而成的。同时，古代人根据自己日常对这些事物的观察，对它们的关系进行了总结：这些物质不是各自独立的，而是有着相生相克的联系。比如他们看到坚硬的金属可以用来切割木头，就总结出了"金克木"，发现水能灭火，就总结出了"水克火"；发现水非常温润，能使树木生长出来，就总结出了"水生木"，而木材能够燃烧，所以就认为"木生火"。

因为古人认为五行是构成世间万物的基础，所以他们把这套理念贯穿到了生活的方方面面。比如，他们把当时可以观察到的五颗行星命名为：金星、木星、土星、火星和水星。这几个行星的名字直到现在我们还在使用。

五行各有颜色

我们的古人还将五行和五种颜色联系起来，比如黑色代表水，黄色代表土，红色代表火，青色代表木，白色代表金。

清朝为了存放《四库全书》，修建了皇家图书馆文渊阁，房顶的琉璃瓦没有用其他颜色，而是用了黑色，就是因为古人相信"五行相克"。因为在五行的观念里，水是克火的，而黑色又代表水，所以用黑色来祈求不要发生火灾——我们知道，书最怕被烧了。

有的人可能会说，这不是迷信吗，而且从科学的角度来说，黑色更容易集聚热量，更容易引发火灾啊！没错，但我们现在要了解的是五行的概念，以及它对中国文化的影响。如果我们了解了这些，我们就会知道文渊阁的房顶为什么会用黑色琉璃瓦，这并不代表我们认为用黑色就真的能预防火

灾，不是吗？

从现在的角度来看，五行相克这样的说法好像并不完全科学，但我们了解这些是有意义的，因为我们可以了解科学和文明发展的历史，了解我们先辈的进化和成长。五行代表了中国古人对自然的探索、总结和归纳，可以说是中国早期科学探索的开始。

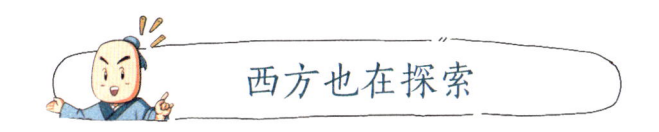

西方也在探索

其实不光是中国人，在历史上，对我们所处的这个物质世界是由什么构成的这个问题，西方人也一直在不断探索。

特别是在早期科技还不太发达的时候，人们只能通过观察分析周围的事物，用哲学思辨，甚至主观想象的方式来解释这个世界。比如被西方称为第一位哲学家的古希腊哲学家泰勒斯，他认为"水是万物的本原"。

又有一位叫毕达哥拉斯的哲学家，认为"数"才是世界的本原，还有一位叫赫拉克利特的哲学家，认为"火"是构成世界的本原。发展到后来，有一位叫恩培多克勒的古希腊哲学家提出，构成世界的是四种元素：水、火、土、气。

你们看，恩培多克勒的观点从某种意义上是不是和我们中国人的"金木水火土"五行观念契合了？

金木水火土也好，水火土气也好，这些都反映了我们人类

的祖先对自然界的认知和思考，我们现在回过头去看，可能会觉得他们有点幼稚可笑，但就是通过这样一代又一代人的猜测、假设、探索和求证，人类才慢慢开启了认识物质世界的大门。

曰水火，木金土，此五行，本乎数。

金、木、水、火、土这五种属性，被称为"五行"，来自宇宙规律。

四元素说

西方也有类似"金木水火土"五行的概念，那就是古希腊哲学家恩培多克勒最早提出的"四元素说"，他认为世间万物是由水、火、土、气四种元素组成的。这个理念在相当长时间里影响了西方文明的发展进程。

16 "十二生肖"和"天干地支"有什么关系?

十干者,甲至癸。
十二支,子至亥。
什么是"天干地支"?
什么是公历和农历?
十二生肖是怎么来的?

我们可能知道有一个词叫"天干地支",它是什么意思呢?

《三字经》里是这么说的:"十干者,甲至癸(guǐ)。十二支,子至亥(hài)。"这句话其实说的就是中国古代"天干"和"地支"的概念。

"天干",一共有十个,分别是甲、乙、丙、丁、戊(wù)、己、庚(gēng)、辛、壬(rén)、癸。而"地支"为十二个,分别是子、丑、寅(yín)、卯(mǎo)、辰、巳(sì)、午、未、申、酉(yǒu)、戌(xū)、亥。

这二十二个字,究竟是怎么来的呢?

研究星象的需要

其实天干和地支最初是古代人对于天上的星象的叫法。

我们人类一直都有仰望星空的习惯。而在古时,人们仰望星空可不只是为了欣赏,还有很多的实际作用。

夏朝、商朝和周朝时期的中国人,很多都是了解天文的。在周朝之前,中国人就已经开始对一些星星出现的相对位置总结规律,这就是所谓的"星象"。在远古时代的中国人眼里,不仅仅是农业生产,有些重要的仪式,比如结婚、葬礼等,必须在特定星象出现时才能举行。

因为在古人眼里,天上星星的运行是有时间规律的,今晚哪些星星没有出现,明晚哪些星星出现在什么位置,都有一套规则和道理,所以人们在地上做事情,就要根据天上星星出现的时间来做。

而且我们的老祖宗们在劳动中发现,星象不仅能反映出季节更替的信息,有时候还能让他们提前知道天气的变化。我们中国人做事,最讲究"天时地利人和",选择一个合适的时间往往是做一件事最先要考虑的因素。

所以,为了充分地把握天时,找到最合适的时机,古代人就要彻底研究天上的星星,要给不同的星象取不同的名字,便于掌握规律,而这些名字,就是我们说的天干地支了。

干支和十二生肖

《三字经》里说的十天干和十二地支，是什么时候被确定下来的呢？

前文说过，在中国的创世神话里，是盘古开天辟地创造了世界，并且为了不让天地重新合拢，他献出了自己的生命。

在盘古死后，出现了一个历史时期，叫作"三皇时代"。根据我国的神话故事，当时有三个重要的氏族部落统治着人类社会，分别是天皇氏、地皇氏和人皇氏。根据不少古书的记载，正是这"三皇"中的天皇氏，为了确定年份和时间，定下了十天干和十二地支的具体名称。从那时候起，人们就用天干和地支来表示年份，这种计算年份的方法，又被称作"干支纪年法"。

在发明了"干支纪年法"之后，我们中国人就有了自己的历法。本来，天皇氏制定的天干和地支的名称非常复杂，放在今天来看，大部分是生僻字，和《三字经》里的版本是不太一样的。人们觉得，这样也太麻烦了，有没有更好的方法来表示天干地支呢？所以，经过了很多年的发展，人们开始用那些最简单的汉字来代替这些天干地支原来的名字。

就拿天干来说，本来前三个天干叫作阏（yān）逢、旃（zhān）蒙、柔兆，既难念，又难写，在汉朝的时候，人们干脆就用甲、乙、丙来表示这三个天干了。十天干慢慢就发

展成了"甲、乙、丙、丁、戊、己、庚、辛、壬、癸",既好念,又好写。后来,人们又把十二地支和十二个动物联系在了一起,龙啊,虎啊,鼠啊,狗啊,羊啊,每一个地支对应了一个动物。

　　没错,这就是十二生肖的来源。在东汉的时候,就有学者记载了十二地支和十二生肖的对应关系,从那时候开始,人们把每一年用一种小动物来命名,这就是我们常说的鼠年、牛年、虎年等了。

　　说起"天干地支",你可能有点糊涂,但几千年来,我们中国人的生活其实一直没有离开它。我们中国人说日期,有时候会说两个日期,也就是公历和农历。有人可能会过两个生日,公历生日和农历生日。公历,使用的是现在的公元纪年法,比如2022年9月10日,这是从西方传到中国来的。农历,是我们中国特有的历法,比如正月初三,它就是由上古时代的干支纪年法发展过来的。

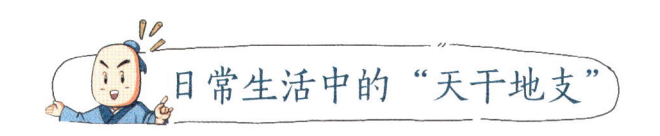

日常生活中的"天干地支"

还有些我们很熟的称呼,也是来自天干地支。

比如"甲子"。

在农历里,每六十年被称作一甲子,也就是年份名称的一个循环。我们的祖先是用一个天干,加上一个地支搭配在一起来表示每个年份。第一个天干是"甲",第一个地支是"子","甲"和"子"合在一起,就是"甲子",所以每个循环里的第一个年份,就是甲子年。

每过一年,人们就会用下一个天干和下一个地支,搭配出下一年的年份名称。比如表示甲子年的下一年,我们就会用第二个天干"乙"和第二个地支"丑"组成"乙丑"。就这样,我们如果一直数下去,会发现每过六十年,就会出现一个甲子年。所以我们有时候说,一甲子,弹指一挥间。一甲子,就是六十年的意思。

而我们熟悉的"戊戌变法""甲午海战""辛亥革命"这些历史事件,就是因为发生在戊戌年、甲午年、辛亥年,所以索性就用年份来记述了。

十二地支的名称还被应用到了十二个时辰里。

我们都知道,古时候人们把一天分为十二个时辰,每天的第一个时辰,就是子时,对应现在的时间就是前一天的晚上 11 点到第二天的凌晨 1 点,第二个时辰是丑时,对应的时间是凌晨 1 点到凌晨 3 点。十二个时辰,就是和十二地支对应的。

至于甲乙丙丁等名称排序,现在我们虽然不太用在正式的场合,但在生活中还随处可见。比如民国时期不少学校给学生评定等级,就会用甲等生、乙等生来评定;我们都知道,不少体育联赛有甲级联赛、乙级联赛;还有一些化学物质的中文名称,比如甲烷、丙烷、乙烯、丁烯,这些也都是我们中国人根据天干给化学物质起的名。

这也是《三字经》依旧值得我们现在去了解的原因,里面虽然有些东西是几千年前的了,但现在我们依旧应用在各个方面。作为中国人,如果不知道这些东西的渊源,总有点说不过去吧?

十干者，甲至癸。十二支，子至亥。

在古代，人们用"天干"和"地支"的概念去标记时间。天干一共有十个，分别是甲、乙、丙、丁、戊、己、庚、辛、壬、癸。地支一共有十二个，分别是子、丑、寅、卯、辰、巳、午、未、申、酉、戌、亥。

十二生肖

中国古人用"十二地支"对应十二种动物，即子鼠、丑牛、寅虎、卯兔、辰龙、巳蛇、午马、未羊、申猴、酉鸡、戌狗、亥猪。

常识篇·天地

17 古人眼里的天地，是什么样的？

> 曰黄道，日所躔。
> 曰赤道，当中权。
> 赤道下，温暖极。
> 我中华，在东北。
> 黄道和赤道是什么？
> "天圆地方"到底是什么意思？
> 古人眼里的天地世界是什么样的？

《三字经》里有这样几句话："曰黄道，日所躔（chán）。曰赤道，当中权。赤道下，温暖极。我中华，在东北。"

"躔"是天体运行的轨迹。这几句话的意思就是，从地球上来看，太阳一年"走"过的轨迹，叫作黄道。在地球的正中间，有一个垂直于地轴的大圆圈，它叫作赤道。赤道附近，是地球上温度最高的地方，一年到头都很热。在世界地图里，我们中国，位于世界的东北方。

看到这里，你有没有发现什么问题？

《三字经》不是南宋时期王应麟先生编写的吗？七八百年前，人们就知道黄道、赤道这些概念了吗？更关键的是，他们那个时候又没有地球仪，怎么会知道我们中国在世界地图上处在东北位置？！

为什么《三字经》里会有这几句话？其实前文已经说过，我们这次采用的是章太炎重订的《三字经》。章太炎先生是民国时期的人，那时候现代科学已经在中国普及了，我们已经有了这些概念，而章太炎先生把这些基本的概念也编到《三字经》里去了。

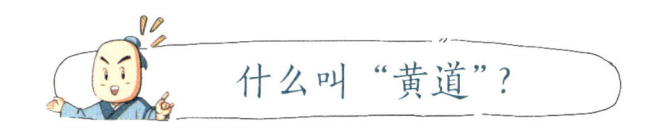

什么叫"黄道"？

我们现在都知道，地球是绕着太阳不断旋转的，每过一年，就旋转一圈。

要知道，我们的地球可不是随便乱转的，它有一条固定的旋转轨道。地球运转的速度是非常快的，根据科学家的计算，地球绕着太阳，每秒在轨道上大概能"飞行"30千米。如果你能每秒钟飞30千米，那么不到一分钟，你就能从上海飞到北京去了。

既然地球飞得这么快，为什么我们感觉不到呢？这是因为我们就生活在地球上，和地球是一起在运动的。我们平时坐火车、坐飞机的时候，如果闭上眼睛，是不是也感觉不到自己在移动呢？

如果我们把地球的中心点和太阳的中心点连成一条直线，那么当地球绕着太阳转完一圈之后，这条线就会慢慢连成一个切过地球的平面，这个平面就叫作"黄道面"。我们站在地球的视角,将天空想象成一个与地球同心、同自转轴且半径无限大的球,即天球,黄道面和天球相交的那个大圆圈,就是"黄道"了,它是地球公转轨道在天球上的投影。

现在,连我们小学生都能弄懂这些基础的天文知识了,但在没有天文望远镜和相关设备的古代,我们的古人是怎么理解天地的呢?

怎样理解天圆地方?

有一个词叫"天圆地方"。这个词是有来历的。

在古代,我们的祖先觉得天空像一个大的圆罩子,扣在像棋盘一样四四方方的地面上,所以就有了"天圆地方"这个说法。中国最古老的天文学和数学著作《周髀算经》里记载的"方属地,圆属天,天圆地方",说的就是这个意思。

但"天圆地方"其实有一个问题:如果天是圆的,地是方的,那么天其实是扣不上地的,因为大地还有四个直角会露出来,这怎么办?

其实,早就有古人发现了这个问题。在春秋时代,有人曾经找到孔子的学生曾子,问他:"人们都说天是圆的,地是方的,事实是这样吗?"

曾子摆了摆手说:"当然不是!你听谁说的!"

这个人继续问道:"我也不知道是怎么回事啊,请先生为我解释一下吧!"

曾子详细地解释说:"如果天是圆的,地是方的,天从上往下扣住地面的话,那么大地的四个角该怎么办呢?天和地不就合不上了吗?"

曾子接着借孔子之言说:"其实'天圆地方'说的,是天和地的道理。'圆',是明亮的意思,天是明亮的,所以我们管天叫作圆。'方'指暗的东西,我们大地不会发光,所以我们用方来形容地面。而且,我们说天是圆的,也是在说天空是无形的,只是我们看到的景象。而我们的大地是有形的东西,是我们看得见也摸得着的东西,所以我们说地是方的,是实实在在的。"

曾子的一番话说明，虽然古代也有人真的相信"天圆地方"，但实际上，"天圆地方"是古代人对天和地、虚和实、方和圆之间相互对应关系的一种哲学思考，并且将之应用到了实际中。你们都应该见过古代的铜钱吧？铜钱一般都是圆形的，里面有一个方形的窟窿。这种"外圆内方"的设计，就是在体现"天圆地方"的思想。

"天圆地方"的理念同样也被古代人用在建筑领域，比如北京有一座天坛，也有一座地坛。天坛的主要建筑都是圆形，地坛的祭坛为方形，也是在表现这种天地观念。

既然天圆地方只是一种理念和思想，那么在我们的古人眼里，天空和地面真实的形态又是怎样的呢？

在古代，很多人认为，天空还是像锅盖一样扣在地面上的，地面不是方的，但确实是平的，这种说法叫作"天圆地平"。古人的观察力也是非常强的，人们慢慢发现，大地似乎不是一个平面，地面好像是有弧度的啊。

举个例子，如果我们站在海边，一直观察一艘帆船，看它慢慢地开远，我们会发现，当这艘船航行到视线尽头的时候，我们先是看不见它下面的船身，最后才看不到它上面的船帆，这就是因为地面是有弧度的。我们现在能观察到这个现象，古人自然也观察得到。

所以，古代就有人提出，也许地面不是平面，而是一个凸出来的拱面，这种说法叫作"天圆地拱"。

而更有聪明的人觉得，我们人类很有可能生活在一个巨大的球体上面，天空只是包裹着这个球体的另一个大圆球。这些古人觉得大地是"地球"，而天空像一个球形的大房子，叫作"天球"。汉朝著名的天文学家张衡认为，我们的世界就像一个大鸡蛋，天空是鸡蛋的外壳，而人们生活的地球就像是鸡蛋里的蛋黄，被天空包裹着。这种说法就叫作"浑天说"。

为了更好地观察天空和地面的关系，理解太阳和星星运行的规律，张衡还改进了一个仪器，用来演示天象的规律，这就是"浑天仪"。从后来人们复原出来的浑天仪模型来看，浑天仪和我们今天使用的地球仪，在结构上已经有了相似的地方。

为什么是"东北"？

到了明朝和清朝，很多外国人为了传播宗教来到中国，他们也带来了很多西方天文学的知识。在明朝，有一个著名的意大利传教士，叫作利玛窦，他告诉了中国人很多关于地球的知识，还和一位叫作李之藻的科学家一起，绘制了一幅世界地图。在这幅地图里，他们把中国画在世界的中心。

但是，到了章太炎生活的民国时代，中国刚刚摆脱封建王朝的统治，国力比较弱，日本和西方列强都把中国当作侵略的目标。在当时，大部分西方国家绘制的世界地图，都把欧洲放到地图的中心。如果以欧洲为中心，中国就被放到世界地图的东北方了。

当然，我们都知道，中国既位于地球的北半球，又位于地球的东半球，所以说"我中华，在东北"也是符合地理学定义的。

知识卡

曰黄道，日所躔。曰赤道，当中权。
赤道下，温暖极。我中华，在东北。

从地球上来看，太阳一年"走"过的轨迹叫作黄道。在地球的正中间，有一个垂直于地轴的大圆圈，叫作赤道。赤道附近，是地球上温度最高的地方，一年到头都很热。在世界地图里，我们中国，位于世界的东北方。

浑天如鸡子，天体圆如弹丸，地如鸡中黄。

出自东汉著名天文学家张衡所作《浑天仪

注》①。意思是：我们的世界就像一个大鸡蛋一样，弹丸形状的天空是鸡蛋的外壳，而人们生活的地球就像是鸡蛋里的蛋黄一样被天空包裹着。这是中国古代"浑天说"的重要观点。

张衡

我国东汉时期著名的天文学家、数学家、发明家和文学家。他是"浑天说"的集大成者，并且改进了"浑天仪"，还制作出了"地动仪"（但制造方法失传）。为了表彰他的贡献，国际天文学联合会批准将月球背面的一个环形山命名为"张衡环形山"，将太阳系中的1802号小行星命名为"张衡星"。

---

① 《晋书·天文志》中记载的葛洪阐述浑天思想一文引有《浑天仪注》的片段，南朝梁刘昭在注释《后汉书·律历志》时引用了题作《张衡浑仪》的文字。唐代《开元占经》把葛洪引用的《浑天仪注》和刘昭引用的《张衡浑仪》的一部分合成一篇，称为《浑天仪注》，主要介绍浑天的形状，天地的依存关系、黄道、赤道、北极、南极等的位置。但《浑天仪注》是否为张衡所著，目前存在争议。——编者注

18 孕育中华文明的四条大河

> 寒燠均，霜露改。
> 右高原，左大海。
> 曰江河，曰淮济，
> 此四渎，水之纪。
>
> 中国的地势为什么"西高东低"？
> 长江和黄河发源于哪里，孕育了哪些古文化？
> 淮河和济水经历了哪些变故？

《三字经》里有这样几句话：寒燠（yù）均，霜露改。右高原，左大海。曰江河，曰淮济，此四渎，水之纪。

这说的是我们中国的气候环境和地理。

先看第一句。"寒燠均，霜露改"，这个"燠"字是暖和热的意思。这句话的意思是，在我们中国的大部分地区，气候寒冷的时间和气候温暖的时间是差不多的。秋冬季节，气候比较寒冷，树叶表面会结出白霜，这叫作霜期；春夏的时候，气候比较温暖，树叶表面会有露水，这就是露期，所以叫"霜露改"。

季节和气候的变化，不仅影响着我们的生活，实际上，自然界里的万事万物，都受到季节的影响，也包括我们身边的河流。

你住的地方附近有什么河流吗？你们有没有去过河边，观赏河水静静流动的景色？你有没有想过，眼前的河水是从哪里来的，又流到了哪里？

这些问题，《三字经》其实都有做出解答。

高原与大海

先来看"右高原，左大海"。

这句话的意思是，如果你面向南方，站在中国的正中间，你右边的很多地方是山脉或者高原，地势比较高，而大海会在你的左边，所以左边的地势会比较低。这句话其实说的就是我们国家的地形是"西高东低"的，即总体来说，我国西边地势比较高，东边地势比较低。

为什么会出现这种"西高东低"的情况？

因为我们地球内部的物质，时时刻刻都在运动，比如火山爆发就是它们运动的结果。地球内部的这些运动，会让地球表面的形状发生变化。

我们知道，世界上最高的山脉是我国青藏高原上的喜马拉雅山脉。这条山脉就是因为地球内部的运动才产生的。根据地理学家的计算，这条喜马拉雅山脉现在还在"长个子"，平均每年还会长高 0.5~1 厘米呢！因为地球内部的运动，所以中国西部很多地区的地势变得越来越高。

为了方便计算高度,人们把地面上某个地点高出海平面的垂直距离,叫作"海拔"。一般来说,海拔越高,这个地方的地势就越高,如果这个地方和海平面一样高,它的海拔就是0米。在我们中国,地势最高的地方是青藏高原,包括西藏、青海全部地区,新疆、甘肃、四川、云南的部分地区(青藏高原还包括了邻国的部分地区),平均海拔超过了4000米。而我国东部沿海的很多城市,平均海拔只有几米,地势是非常低的。

我们中国有一句老话叫作"水往低处流"。因为地势"西高东低"这个特点,所以我们中国大多数河流都是从比较高的西边向比较低的东边流动的。小一些的河流会流进大一些的河流里。而那些奔流不息的大河流,最终都会一直流进大海,这就是"百川入海"的意思。

长江与黄河

再来看下一句:"曰江河,曰淮济,此四渎,水之纪。"

这句话是说,古代我们中国有四条能直接流进大海的大河,它们分别是长江、黄河、淮河和济水。古人把这四条大河并称为"四渎"。

先来说说长江和黄河。

长江是我们中国最长的河流,干流长度有6300千米,主要流经我国的南方地区。黄河是中国第二长的河流,总长度5400

多千米，主要流经我国的北方地区。和长江相比，黄河中下游的河水中混着很多泥沙，这让河水看起来是黄颜色的，所以人们叫它"黄河"。长江和黄河一南一北，孕育了我们的中华文明，所以被称作我们中华民族的"母亲河"。

前文说过，中国地势最高的地区是西边的青藏高原，而长江和黄河就是从那里发源的。青藏高原因为地势太高，所以有很多冰川和雪山。在冬天的时候，气温很低，这些地方会被厚厚的冰雪覆盖。到了夏天，天气暖和一些的时候，这些冰川和雪山上的一部分冰雪就会融化成水，从山上向低处流动，慢慢流到一起，形成一条条溪流，长江和黄河源头的水，就是这么来的。

长江和黄河的发源地其实距离不远，只有几百千米，但是它们流经的地区却不太一样。黄河流过北方很多地区，最终流

到渤海里去。长江流过南方的很多地区，一直流进东海里去。

在地球上，所有动物都需要喝水，人类种粮食也需要水，所以说，河流孕育着生命，我们人类也会在河边居住和生活，慢慢建造出城市。

根据考古学家的发现，几千年前，长江流域就有了人类部落生活，这些文明被统称为"长江文明"。在7000多年前，长江下游出现了一个高水平的人类文明，叫作河姆渡文化。而曾在此生活的古人类，被称作"河姆渡人"。

我们人类的祖先因为技术水平不高，一般是住在山洞里的。但河姆渡人的建筑水平非常高，他们能够用木头搭建出一种半悬空的房子。这种房子有两层结构，下面一层用来放东西、养动物，上面一层用来住人，非常先进。因为长江下游地区的雨水非常多，这种房屋还有防潮的功能。

北方的黄河文明，在历史中同样拥有重要的地位。根据史书的记载，我们中国最早的朝代夏朝，就是在黄河边建立起来的。因为中国大部分古老王朝的都城都建立在黄河中下游地区，所以，人们把那里叫作"中原"。

淮河与济水

最后，再来看看淮河和济水。

和长江、黄河相比，淮河的长度要短得多，只有1000千米左右。但在古人眼里，淮河的地位是非常高的。

根据考古发现，在7000多年前，我们的老祖宗就住在淮河边上，并创造了非常灿烂的文明。在古代，淮河的战略位置非常重要。淮河位于长江和黄河的中间。中国历史上有一些时代，南方和北方被不同的政权统治着。因为淮河特殊的地理位置，所以不论是北方政权想要攻打南方，还是南方政权想要攻打北方，都要经过淮河流域，淮河附近也爆发了很多大规模的战争。甚至在宋朝的时候，有一个将军为了阻止北方军队南下，直接挖开了黄河的河堤，这导致黄河的河道发生了变化，一部分黄河水开始从淮河流到大海。后来，因治理不善，黄河决堤，在连续600多年的时间里，黄河都侵占了淮河的河道，从淮河的入海口进入大海。

淮河被黄河"占领"了这么长的时间，听起来挺可怜的。但和淮河相比，济水就更惨了——它已经从大地上消失了。

济水是一条非常神奇的河流，它的部分河道和其他河流一样，水从地面上流过，但还有部分河道隐藏在地面下，河水从地底下流过，也就是"地下河"。

济水流域主要在河南省和山东省。古人会去济水上面划船游玩，在济水边上，也发生了很多故事。在古代，济水曾经流过一个叫"大野泽"的湖泊，到了宋朝，这个湖泊的北部变成了一个著名的地方的一部分，这个地方叫作梁山泊。没错，就是《水浒传》里描写的梁山泊，有不少英雄好汉都聚集在那里。

现在，济水这条河流已经不见了，但是留下了很多它存在过的证据。在河南，有一座城市叫作济源市，意思是济水是在这里发源的。山东现在的省会城市叫作济南市，意思是这是济水南边的城市。在地图上，还有很多名字和济水有关的地方，这些地方连在一起，就是古济水在中华大地上留下的影子。

> **寒燠均，霜露改。右高原，左大海。**
>
> 我们中国气候寒冷的时间和气候温暖的时间是差不多的。秋冬季节，气候比较寒冷，树叶表面会结出白霜，这就是霜期；春夏的时候，气候比较温暖，树叶表面会有露水，这一段时间就是露期。如果你面向南方，站在中国的正中间，你右边的很多地方是山脉或者高原，地势比较高，而大海会在你的左边，左边的地势会比较低。
>
> **曰江河，曰淮济，此四渎，水之纪。**
>
> 中国古代有四条能直接流进大海的大河，它们分别是长江、黄河、淮河和济水。古人把这四条大河并称为"四渎"。

19 中华处处有名山

> 曰岱华，嵩恒衡，此五岳，山之名。
>
> "五岳"是哪五座山？
>
> 它们分别有哪些特色？

不知道你们爬过山吗？节假日旅游，你喜欢和家人或朋友们爬山吗？要知道，我们中国幅员辽阔，地形复杂，有三分之二左右的陆地都是山地、高原或者丘陵，所以，我国四处分布着很多大山。几千年来，我们中国人对身边的高山也产生了独特的情感。

《三字经》里有这样一句话："曰岱华，嵩恒衡，此五岳，山之名。"这句话是说，我们中国有五大名山，它们被叫作"五岳"，分别是东岳泰山、西岳华山、中岳嵩山、南岳衡山、北岳恒山。其中南岳衡山的"衡"是平衡的"衡"，北岳恒山的"恒"是永恒的"恒"。

这五座山，是中国名山的代表。

为何会有"五岳"?

在上古时代,中国人就开始崇拜大山了。很多古人都觉得,山是由神仙掌管的,所以修建了很多山神庙,用来祭拜山神。

古代的帝王们觉得自己是被上天选中来管理人民的。而古人认为,那些特别高大挺拔的山峰是天上神仙的住所,所以帝王们也有去高山上祭拜天地的传统。传说,中国远古时候,部落联盟的首领尧、舜、禹就曾经去高山上面举行祭祀典礼,他们把中原地区附近的四座高山称为"四岳"。后来,到了周朝的时候,五行学说变得流行起来(我们前文已经介绍过,当时很多人觉得,世界万物都是由五种元素经过千变万化形成的),所以人们觉得,只有"四岳"还不够,于是就有了"五岳"的说法。

几千年来,我们中国的疆域经历了许多次变化,所以"五岳"指代的五座山也发生过一些变化,今天我们所说的"五岳",其实是在明朝和清朝时期才正式确定的。

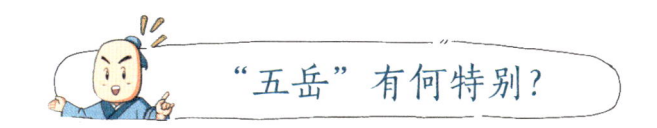

"五岳"有何特别?

先来看看东岳泰山。

泰山位于我国的山东省,主峰海拔有1500多米。泰山虽然不是"五岳"里最高的山,但是它从平原上拔地而起,非常雄伟,所以在历朝历代都被称为"五岳之首"。

泰山在我们中华文明中的地位相当高。在古代,从百姓到皇帝,很多人都觉得泰山是能够通往天上世界的。所以,泰山是古代帝王们最喜欢举办祭祀典礼的大山,历史上,有13个皇帝曾经亲自登上泰山去祭拜天地。

泰山也是我们中国的文学家们最喜欢游览的地方,山上有不少石头上刻着诗人们的诗句。被称为"诗圣"的唐代大诗人杜甫在年轻的时候,就爬了一次泰山。爬到一半,杜甫就高兴地说:"会当凌绝顶,一览众山小。"他表示,自己一定要爬到泰山的最高峰,这样就能低下头,俯视天下的群山了。这句诗写出了泰山的高大雄伟,所以古人才会把泰山和自己的人生联系在一起，觉得实现人生的理想，就像登上泰山一样。

著名的《史记》的作者司马迁还有这样一句话："人固有一死，或重于泰山，或轻于鸿毛。"意思是说，每个人最终都会死去，但有的人的价值比泰山还重，有的人的价值比羽毛还轻。这句话也显示出，在古人眼里，泰山可以说是世间最重要的东西了。

再来看看西岳华山。

华山坐落在我们的陕西省，海拔约2150米，是"五岳"中最高的。

华山不仅高，而且非常险峻，和"五岳"中的其他山相比，华山的山路是最难走的。华山上面有一条很著名的山道，叫作"鹞（yào）子翻身"。鹞子是一种山上的鸟，学名叫雀鹰。这条路之所以叫"鹞子翻身"，是因为人们在这条路上，必须在半悬空的状态下，用手抓紧山壁上的锁链，用脚去摸索着踩进山壁上的小坑才能站稳。这还不够，其中几步，人们必须像鹞子这种鸟那样左右翻转身体，才能通过。

所以中国有句古话是"自古华山一条路"，意思是因为华山太陡峭了，几乎找不到能落脚的地方，所以从古到今，想要爬上华山，就只有一条路可以走，没有别的选择，也不要抱什么侥幸心理。

不过，现在的科学技术已经很发达了，我们如果去华山旅游，不仅有很多条上山的线路可供选择，还能直接坐索道上山，这是古人想都不敢想的。

位于湖南省的南岳衡山，直到隋朝的时候才正式被当时的皇帝隋文帝确立成"五岳"之一。

南岳衡山是中华文明重要的发源地之一，与祝融有很深的渊源。在中国古代神话故事集《山海经》里，祝融氏是一个有着野兽的身体、人类的脸，乘着两条龙的神仙。但根据《史记》记载，祝融是楚国人的祖先。在很多民间故事里，祝融都被人们称为"火神"，据说，正是祝融发现了使用和保存火种的方法，人类文明才变得繁荣兴盛。

相传祝融生前居住在南岳衡山，死后也葬在那里。所以，衡山上有一座重要的山峰就叫祝融峰。很长一段时间，祝融都被看作南岳衡山的山神。

相对于南岳衡山，位于山西省的北岳恒山，资历要更年轻一点，因为它到了明朝的时候才开始被算作"五岳"之一。

北岳恒山上有很多有特色的名胜古迹，比如大云寺、永安寺、圆觉寺等。

恒山上最有名的寺庙叫"悬空寺"，它悬挂在半山腰上，整座寺庙都和山崖的岩石融为了一体。传说，唐朝的大诗人李白到悬空寺旅游的时候，惊呼这也太壮观了。后来，明朝著名的旅游专家徐霞客看到悬空寺，也说，这寺庙就像是出现在海市蜃楼里的一样，真是天下奇观啊。直到今天，悬空寺还被保存得很好，有很多著名的导演都专门来这里取景，拍摄出了国际大片。

最后再来看看位于河南省的中岳嵩山。

嵩山是我国有名的佛教文化名山，说到嵩山，人们第一时间想到的，一般都是嵩山少林寺。少林寺不仅是我国佛教禅宗文化的发源地之一，也是中国功夫的发源地之一。当年李连杰主演的电影《少林寺》火遍大江南北，一时之间，不知道有多少孩子做过去少林寺出家练习武功的梦。

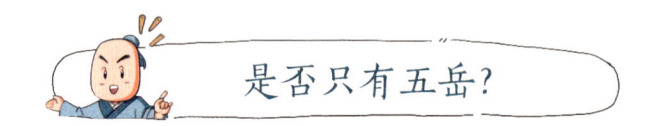

是否只有五岳？

"五岳"这五座名山，每一座都有独特的文化，也都有不一样的风景。有人总结说，东岳泰山最雄伟，西岳华山最险峻，南岳衡山最秀美，北岳恒山最奇特，中岳嵩山最幽深。可是，我们中国的名山太多了，仅这五座，是没法代表所有名山的。

所以，有一个成语是"三山五岳"，泛指我们中国的各大名山。关于"三山"，有不同说法，现在一般是指安徽黄山、江西庐山和浙江的雁荡山（也有人说，四川的峨眉山也应该算是"三山"中的一员）。在"三山"里，安徽黄山特别出名。所以，还有这样一句古话，"五岳归来不看山，黄山归来不看岳"，意思是说，去过"五岳"之后，感觉别的山就都没必要再看了，可是去过黄山之后，感觉就连"五岳"都没必要去看了。

爬山其实是一种非常健康且非常有趣的运动，希望现在正在读这篇文章的你，将来有机会亲自去爬一爬我们的三山五岳，感受一下我们祖国的大好风光。

曰岱华，嵩恒衡，此五岳，山之名。

我们中国有五大名山，合称"五岳"，分别是东岳泰山、西岳华山、中岳嵩山、南岳衡山、北岳恒山。"岳"指的是高大的山峰。

会当凌绝顶，一览众山小。

出自唐代杜甫的《望岳》。意思是，自己一定要爬到泰山的最高峰，这样就能低下头，俯视天下的群山了。

自古华山一条路

中国俗语，形容华山太过陡峭以至于几乎找不到能落脚的地方，想要爬上华山，就只有一条路可以走，没有别的选择，也不要抱什么侥幸心理。

五岳归来不看山，黄山归来不看岳。

中国俗语，意思是，去过五岳之后，别的山就都没必要再看了，可是去过黄山之后，就连五岳都没必要去看了。

20 "省""市""县"是怎么来的?

古九州,今改制,称行省,二十二。

"九州"是什么意思?

中国的行政模式是怎么演变成"行省制"的?

行政区划中的"市"这个概念是怎么来的?

我相信大家都知道自己生活在哪座城市,而这座城市又在哪个省(自治区)——当然,也有人生活在直辖市或特别行政区。打开中国地图,我们可以看到很多个省份,而每个省里有很多个市,市下面又分很多县。

我们中国一共有多少个省?为什么会有"省""市""县"的叫法?

这就要从《三字经》里的这句话说起:"古九州,今改制,称行省,二十二。"

这句话的意思是,在上古时代,华夏大地被我们的先祖分为九个州。几千年来,经过了一系列行政区域改革,中央以下一级行政区域被称为"行省",简称"省"。至于"二十二"这个数字,是章太炎先生在民国建立之后重新编订《三字经》的时候改的,当时北洋政府统治下的民国沿用了清朝末年的行政区域划分,一共设置了二十二个省。新中国成立之后,又对行政区划进行了一系列的调整。在今天,我们中华人民共和国一共有三十四个省级行政区(二十三个省、五个自治区、四个直辖市、两个特别行政区)。

而我们中国大地的区域划分,先要从"九州"这个概念说起。

什么是"九州"?

根据"四书五经"之一的《尚书》记载,上古时代的部落首领大禹,把天下分成了九个区域,这就是"九州"的来源。

后来,"九州"也成了古代人对中国的一种叫法。在大禹那个时候,九州加在一起覆盖的范围是很大的。东边的青州、徐州和扬州一直到了黄海和东海的边上,北边的冀州和兖州在燕山山脉和渤海的旁边,西北边的雍州疆域达到了今天的甘肃地区,南边的梁州和荆州一直延伸到南海边上。除了东南西北方向的八个州以外,还有一个州叫豫州,位于今天的河南地区,也就是我们常说的中原地区。

因为豫州的位置在九州的最中间,所以在古代,它也被叫作"中州"。我们现在还有城市叫作徐州、扬州,这就是从古代的九州流传下来的。

在上古时期,九州这个概念刚刚出现的时候,只是单纯的地名,还没有变成具体的行政区域。直到商朝和周朝实行了"分封制"。

什么是"分封制"?

在商朝和周朝的时候,中国的疆域就已经挺大了,当时天子很难亲自管理所有的地方。

所以,天子为了巩固自己的统治,就把很多土地分封给了自己信任的贵族,或者那些功劳很大的将军和大臣,让他们帮自己去管理。这些得到了土地的贵族和大臣,叫作诸侯。他们管理的地方,就变成了一个又一个的诸侯国。在这种制度下,大的国家里,同时存在很多小的诸侯国。可是后来,到了春秋战国时期,这些诸侯国的国君不仅不服从周天子的统治,还想要自己当霸主,去统治别的国家,所以中国在这一时期的几百年中,都处于战乱不断的状态。

后来,秦始皇统一了全国,建立了秦朝。为了避免这种情况再次发生,就要改变周朝的分封制度。怎么改变呢?最直接的方法,就是加强中央政府对地方的统治力度。

所以,秦始皇决定,在全国范围内推行"郡县制"这种行政制度。

什么是"郡县制"?

其实,在春秋时代,就已经有诸侯国的国君将自己的土地分成几个县来管理了,这就是我们今天常说的"县"的起源。郡制也源于春秋时代,为秦国秦穆公所设。

到了战国时代,很多诸侯国的国君都在自己的国家里设置了郡和县这两种行政区域,郡比县大一些,一个郡一般包含好几个县。根据记载,秦始皇在统一天下之后,把全国分成了三十六个郡,这些郡直接归中央朝廷来管辖,各个郡面积大小不一。

一个郡的最高长官叫什么呢?是不是叫"郡主"啊?不是。郡主这个词其实是"郡公主"的缩写,在古代是皇族女子的荣誉称号。

在秦朝的时候,郡的最高行政长官叫作"郡守",从汉景帝开始,叫"太守"("太守"在战国时期是对郡守的尊称)。郡县制不只有郡和县这两个地方行政等级,在县里面,还有乡、里、亭。乡、里是行政单位,亭是治安组织。在秦朝的时候,每十里,就设置一个亭。汉朝的开国皇帝刘邦就曾担任过秦朝时期的一个亭长。

汉朝实行郡县制的时候,皇帝根据原来九州的叫法,设立了十三个州[1]。这些州直接受中央政府的管辖，长官也都是中央政府直接任命的。州的长官叫作"刺史"，后改称"州牧"。比如三国时期蜀国的建立者刘备，就曾经做过豫州这个地方的长官，也就是"豫州牧"，所以当时的人都管刘备叫"刘豫州"。

在不同的朝代，州和郡的设置有所不同，有时候为州郡县三级，有时候为州县两级，有时候为郡县两级。唐代总体以州为主，数量较多。宋代实行州县两级制。州里最高长官的叫法也不太一样，比如，唐朝的时候，州的最高长官叫"刺史"，宋代时叫"知州"。

什么是"行省制"？

到了元朝的时候，中国出现了一种新的行政区域制度，叫作"行省制"，彻底取代了过去的郡县制。"行省"是什么意思呢？在元朝时，朝廷的中央权力机关叫作中书省。"行省"，其实就是"行动的中书省"的意思，相当于中央机关在这个地方驻扎的一个能够四处移动的单位。慢慢地，人们把"行省"简称为"省"，这就是我们今天省份这个概念的来源。

---

[1] 汉武帝为加强中央集权，在全国设立十三个监察区，名为州。所以，西汉的州不是真正的行政区域。东汉末年，州由监察区变为行政区，成为郡以上的一级行政单位。——编者注

除了京城附近的区域，元朝曾经在中国设立十个行省，但这不是行政区域，而是中央政府在地方的分部。后来，"行省"在民间成了一级行政区的俗称。明清两代虽不设行省，但仍将一级行政区俗称为"行省"或"省"。就这样，省份这个概念，就一直沿用到今天了。在今天，我们中国一共有三十四个省级行政区，其中包括浙江、福建、安徽、台湾等二十三个省，新疆、西藏等五个自治区，北京、上海等四个直辖市，香港和澳门这两个特别行政区。

与省和县相比，我们今天常说的"市"这个概念，就没有那么悠久的历史了。在古代，"市"这个字一直是集市的意思，指的是人们做生意的地方。直到民国建立，市这个字才开始作为正式的行政区域，被政府和人们使用。其实，不是所有的市都是归省来管辖的，比如我们现在有四个直辖市，它们和其他省的行政级别是一样的。除了这四个直辖市，我

们有将近三百个地级市，它们直接受到省的管辖。中国大陆地区还有将近四百个县级市，它们大部分受到地级市的管辖。

所以你们看，虽然我们国家的国土很大，人口很多，但通过从村、乡、镇、县、市、省这样一层层、一级级的管理和管辖，一个国家就有条不紊地运行起来了。

知识卡

古九州，今改制，称行省，二十二。

在上古时代，华夏大地被我们的先祖分为九个州。几千年来，经过了一系列行政区域改革，元朝设立了"行省"，简称"省"。民国建立之初，沿用的是清朝末年的行政区域划分，一共设置了二十二个省。新中国成立之后，国家又对行政区划进行了一系列的调整。今天，我们中华人民共和国一共有三十四个省级行政区。

21 古代人的职业有高低贵贱吗？

曰士农，曰工商，此四民，国之良。医卜相，皆方技；星堪舆，小道泥。

"士农工商"分别指的是什么职业和身份？

在古代，为什么商人的地位那么低？

除了"士农工商"，古代还有什么别的职业？

《三字经》中有这样的话："曰士农，曰工商，此四民，国之良。医卜相，皆方技；星堪舆，小道泥。"

"曰士农，曰工商，此四民，国之良"的意思是，在我们中国古代，按职业主要将人划分为四种。第一种是读书当官的人，叫作"士"；第二种是种地的农民，简称"农"；第三种是工匠，简称为"工"；最后一种是做生意的商人，也就是"商"。从事这四种职业的都是在为国家做贡献的人。

"士农工商"指什么？

士这个词，其实在西周的时候，主要指的是一种比较低

级的贵族。也就是说，在一开始的时候，不是你想要成为"士"，就能成为的，你必须出生在贵族人家，才能拥有这个身份。同时，你只有拥有了"士"或者"士"以上的身份地位，才有条件和资格去读书写字，去学骑马、射箭、算术，等等，接受贵族式教育。不过，到了春秋战国时代，周朝内部出现了很多小的诸侯国，贵族等级制度也受到了严重的挑战。在这个时候，士开始从一种贵族身份向职业转变。比如，在春秋时代，大思想家孔子就告诉他的学生："行己有耻，使于四方，不辱君命，可谓士矣。"这句话是说，能够用羞耻之心严格地约束自己，外派去各种地方都能比较好地执行国君的命令的人，就可以说是"士"了。所以说，在这个时候，士不仅指的是贵族子弟，还可以指那些有道德、有学问、有能力做官的人。

后来，"士"的范围变得越来越大，只要是想通过读书学习来考取功名和获得官职的人，都可以叫作"士"。所以说，在古代，士不都是那些生活比较富足的官员，还有很多穷苦的书生。比如唐代大诗人杜甫就有这样一句诗，"安得广厦千万间，大庇天下寒士俱欢颜"，这里面的"寒士"，指的就是像他那样贫穷的读书人。

"农"，当然指的就是每天在田地里劳作的农民。我们中国自古以来都是农业文明，所以在古代，大部分人都是农民。这些农民不仅要通过种地来维持自己的生活，他们种的一部分粮食，还要上交给国家，来养育那些不种地的官员，也就是"士"。而且，古代没有拖拉机，也没有化肥，农民都是靠着自己勤劳的双手和有利于农事的天气，才能吃饱饭。有一天，唐朝的大诗人白居易看到农民那种贫穷又辛苦的生活，不禁感慨道："今我何功德，曾不事农桑。吏禄三百石，岁晏有余粮。念此私自愧，尽日不能忘。"这几句诗的意思是，我白居易究竟有什么功劳，不仅从来也没有干过什么农活，而且当官一年的工资就有三百石粮食，每年都吃不完，想到这些，一整天都觉得非常羞愧。

"工"指的是工匠，他们主要从事的是制造业，或者建筑业。"工"这个类别包含了各种各样的工匠，比如那些编箩筐、编草帽的人是手工业者，那些盖房子、铺路修桥的人是建筑工人。我们现在看到的那些精美的古代文物和建筑，以及那些规模宏大的古代陵墓，都是古代的工匠们建造的。

你们知道做生意、做买卖的人为什么叫作"商人"吗？有历史学家根据文献记载来推测，有一个可能是因为在商朝的时候，我们中国出现了专门带着货物四处做买卖的人，这些人就被叫作"商人"。后来，做生意的人变得越来越多，不论是在农村还是在城市，人们都会设立专门的区域，用来让大家交易物品。这些地方就叫作"市"，这就是今天各种市场的前身。

地位低下的"商"

《三字经》中的"此四民，国之良"是说，士农工商这四种身份的人，都是为国家做出贡献的人。这是否意味着，在古代，这四种人是没有高低贵贱之分的呢？

其实并不是。士农工商在古代社会里的地位是不一样的。按照顺序来看，士的地位是最高的，因为古代有科举，读书人通过科举能当官，所以读书能改变人的命运。有一句话就叫"万般皆下品，惟有读书高"。而在这四类人里，商的地位要排在农和工的后面，是最低的。

可能有些人会觉得奇怪：商人可能是士农工商四个类别中最有钱的，放到现在也是被很多人羡慕的，为什么地位会最低呢？

在古代，确实是这样的。因为在古代，农业才是经济发展的命脉，所以皇帝必须重视农业的发展，保证国家经济的繁荣。只有当农民、去种地的人多了，人人才能都有饭吃，人口才能持续增长。但是，在古代，那些商人一般都要比农民更有钱。很多商人会购买农民的土地，让农民没有地可以耕种。农民失去土地之后，就只有两个选择，要么替别人种地，要么就离开这片土地，四处流浪。为了避免农民失去土地，中国古代实行了一个政策，叫作"重农抑商"，也就是重视农业的发展，限制商业的发展，并且降低商人的社会地位。这就导致商人的地位在这四个类别中是最低的。虽然商人很有钱，生活条件不错，但在社会上地位不高，甚至还会受到歧视。我们知道，唐朝大诗人李白一直想做官，但他没办法参加科举，这就是因为他的爸爸是商人，唐朝的法律规定，商人的孩子是不能参加科举考试的。

古代的各种职业

当然，在古代，除了小偷、强盗这种非法职业，还有一些职业不在士农工商任何一个类别里，比如唐朝的文学家韩愈曾经在文章里提到的巫医和乐师。我们可以看到，在古代，除了士农工商这四个大类别，还有很多别的职业。这些职业有一个共同的特点，那就是基本属于服务行业。其实，在古代，有很多精通音乐、戏剧、舞蹈的表演艺术家也可以算作服务行业的工作人员，他们都不是士农工商这四个类别里的人，但是这并不代表他们的工作就没有价值。因为如果没有他们，我们中华民族就没有那么多绚丽多彩的非物质文化遗产了。

说到这里，我们就要说到下一句了："医卜相，皆方技；星堪舆，小道泥。"

这句话其实在南宋王应麟版本的《三字经》里是没有的，是民国时期的章太炎先生在重订《三字经》时特意加上的。意思是，那些巫医、占卜师、看相师、风水师，都是只会些雕虫小技的无足轻重的人。

章太炎为什么比较反感巫医、占卜师、看相师、风水师这些职业呢？这是因为，他认为沟通鬼神、占卜、看相、看风水、看星象这些事情，都缺乏科学依据，有着浓厚的封建迷信色彩。就拿巫医这个职业来说，它和我们现在常说的中医还是不一样的。在古代，很多乡村里的医生主要是通过询问鬼神来帮病人们看病，他们开的药大部分也没有治疗效果。而章太炎所处的时代，中国非常落后，包括他在内的很多人都认为那些谈神论道、不讲科学的糟粕大大影响了中国走向现代化的进程，所以非常反感这些职业。

了解完古代人的职业，你有没有发现，几千年来，我们的职业在大的类别上其实并没有发生翻天覆地的改变。那么，你有想过自己长大后要从事什么职业吗？

曰士农，曰工商，此四民，国之良。

在中国古代，主要有四种不同职业的人，被称为"四民"。第一类是读书当官的人，叫作"士"；第二类是种地的农民，简称"农"；第三类是工匠，简称"工"；最后一类是做生意的商人，也就是"商"。从事这四类职业的人，都是在为国家做贡献的人。

医卜相，皆方技；星堪舆，小道泥。

那些巫医、占卜师、看相师、风水师，都是只会些雕虫小技的无足轻重的人。

行己有耻，使于四方，
不辱君命，可谓士矣。

出自《论语》。意思是说，只要是能够用羞耻之心严格地约束自己，去各种地方出使都能比较好地执行国君的命令的人，就可以说是"士"了。

今我何功德，曾不事农桑。
吏禄三百石，岁晏有余粮。
念此私自愧，尽日不能忘。

出自唐代著名诗人白居易的《观刈麦》。意思是，我白居易究竟有什么功劳，不仅从来也没有干过什么农活，而且当官一年的工资就有三百石粮食，每年都吃不完，想到这些，自己一整天都觉得非常羞愧。

22 我们的古人喜欢什么植物？

- 地所生,有草木,此植物,遍水陆。
- "梅兰竹菊"好在哪里？
- 为什么有人喜欢莲花？
- "岁寒三友"是什么？

《三字经》里有这样一句话,它是描述植物的:"地所生,有草木,此植物,遍水陆。"意思是说,从地里生长出来的那些花草树木都属于植物,在水里和陆地上,到处都有植物的踪影。

仔细思考一下这句话,它似乎并没有说错。在我们所生活的地球,人类是万物之灵长,说到其他生物,我们首先会想到动物,比如狮子、老虎、猩猩、大象,但事实上,我们这颗星球也是被植物占满的。即使是在沙漠的中心地带,也能发现植物的踪影。

我们的古人也非常喜欢植物,不仅把植物当作观赏的对象,还把它们当作自己学习的对象。中国有一个成语叫作"格物致知",简称为"格致",上海有所中学就叫格致中学。"格"

指的是调查研究,"致"指的是追求获得,两个字连在一起的意思是,我们能够通过调查研究身边的事物,获得知识和品德。很多古人看到身边各种各样的植物,就对植物的生长习性、生活规律进行了观察和研究,然后从植物身上学习做人的道理。就这样,在古人眼里,植物和人品就联系到了一起,不同的植物身上有着不同的品质。下面,我们就来聊一聊,中国古人比较欣赏哪些植物,它们又被赋予了什么样的品质。

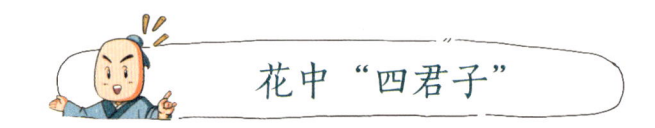

花中"四君子"

古代的文人将大家最喜欢的四种植物放到了一起,并称其为"四君子"。这四种植物分别是梅花、兰花、竹子和菊花。之所以叫它们四君子,是因为古人觉得,它们身上都有着君子才能拥有的品质。

古人赞赏梅花,主要是因为梅花开放的季节。梅花是为数不多在冬天开花的植物。我们知道,我国大部分地区的冬天是非常寒冷的,在这种环境下,万物都要休养生息。我们在冬天出门时,会发现很多树的叶子都掉光了,一些在其他季节里会出现的小动物,冬天也不见了踪影。而且,不仅大部分树木都变得光秃秃的,就连梅树自己的树叶也会在冬天脱落。在这种时候,梅树枝头那绽放的红色、白色或者黄色的小花朵,就显得格外亮眼。

北宋著名的政治家和文学家王安石算是梅花的"忠实粉丝",他非常佩服梅花这种独自绽放的风采,并为它写了一首诗《梅花》:"墙角数枝梅,凌寒独自开。遥知不是雪,为有暗香来。"

意思是说,他走在刚下过雪的院子里,看到墙边露出了几根梅树的枝条,上面白色的梅花正在寒冷的天气里独自开放。王安石知道那枝头上的是梅花而不是积雪,因为隔着很远,他就闻到了梅花的花香。王安石的这首诗不仅赞扬了梅花不害怕寒冷,能够克服艰苦条件的君子品质,还称赞了它的香味扑鼻,花香四溢。我们一直有一句话叫"梅花香自苦寒来",也是由此而来。

古人欣赏兰花,主要是因为它的生长环境,兰花一般生长在深山的山谷里面。这是为什么呢?原来,兰花虽然也需要阳光的照射,但它不喜欢被阳光直射,所以总是生长在稍微暗一点的环境里。除此之外,兰花还喜欢通风条件好、空气湿度大的地方。大家想,那些深山里的大山谷,阳光很难直接照射进去,又比较潮湿,还经常会有小河小溪流过,是不是正好符合兰花生长的条件?古人喜欢兰花,主要就是他们觉得兰花体现出一种不和其他花朵争名夺利的精神,这是一种不被世界的尘埃污染,愿意留在幽静的地方独自美丽、孤芳自赏的君子品质。中国有一个成语叫"空谷幽兰",字面意思是在空旷幽静的山谷里有着这样美丽的兰花,引申出来的含义就是,人的品质高洁优雅,非常难得,没有被世俗污染。

古人欣赏竹子，主要是因为它的形状结构。竹子的形状结构和其他植物的不太一样，它的主干就是一根细长又挺拔的长竿，没什么弯曲的地方。所以，人们认为竹子体现了挺拔、正直的君子品质。我们经常能在中国的园林建筑里看到竹子的身影，这是因为竹子是一种常绿的植物，能与园林中的其他景物相映衬，形成绝妙的景观。也正是因为竹叶在一年四季都是绿色的，不会因为季节的变化而凋落，所以人们也会称赞竹子这种四季常青的品质。很多古人都很喜爱竹子，比如宋代的大文豪苏东坡就说："宁可食无肉，不可居无竹。无肉令人瘦，无竹令人俗。"他宁愿不吃肉，也不愿意身边没有竹子。他的理由就是，没有竹子这样高雅的植物在身边，人就会变得俗不可耐。

菊花的头号粉丝是东晋的文学家陶渊明。陶渊明喜欢菊花，既因为菊花开放的季节，又因为菊花的生长环境。菊花是少见的在秋天开放的花。在菊花开放的时候，天气一天比一天冷，很多植物的叶子上会结出寒霜。陶渊明曾经在诗里面写道："怀此贞秀姿，卓为霜下杰。"意思是说，菊花拥有这样秀美的姿态，还在寒霜中开放，真不是一般的花。陶渊明还有一个写菊花的名句"采菊东篱下，悠然见南山"，写的是他自己辞官在乡村田园隐居之时，在家里东边的篱笆旁边采摘菊花，一抬头，正好看见南边美丽的山坡。想到这样的画面，大家是不是也觉得非常悠闲，很有意境呢？因为陶渊明的宣传，菊花也拥有了隐士般洒脱的君子品质。

植物的品格

梅兰竹菊这四君子各自拥有美好的品质,所以古人写了很多诗歌来赞颂这四种植物,作画的时候也总是画这些植物。当然,除了这四种植物,也有人喜欢别的植物。比如宋朝的大学者周敦颐(yí)曾经写了一篇文章,叫作《爱莲说》,专门表达自己对于莲花的喜爱。在文章里,周敦颐说,水中和陆地上有很多能够开花的植物,它们都很值得人去喜欢,但他特别喜欢莲花,也就是荷花,因为莲

花"出淤泥而不染,濯(zhuó)清涟而不妖"。原来,莲花一般生长在比较浅的池塘里,它的根深藏在池塘底下的淤泥中,茎却能从淤泥中探出水面,开出粉色或者白色的纯洁美丽的莲花。因为莲花的生长特点,所以古人很欣赏它不被环境污染、纯洁而不妖艳的品质。

除了莲花、梅、兰、竹、菊,还有不少植物的品格是我们中国人从古到今都很欣赏的。比如松树这种植物,它和梅花、竹子一起被称为"岁寒三友"。为什么把它们叫作"岁寒三友"呢?原来,松、竹的枝叶在寒冷的冬天也不会凋零,梅花则能耐寒开放,它们给冬天白茫茫的大地增添了不少生机和活力。我们中国著名的革命家陈毅,在大雪天里看到笔直的松树,不禁联想到了那些在艰苦的环境里依然保持着斗争精神的革命战士。所以,陈毅这样描绘松树的品格:"大雪压青松,青松挺且直。要知松高洁,待到雪化时。"意思是说,不论松树被多么大的雪覆盖着,它都能保持挺拔的姿态,等到大雪融化之后,我们就更能看到松树的面貌,感受到它高尚纯洁的品质了。

其实,不同时代、不同性格的人,欣赏的植物不同。而且,植物的美好品质,终究是人们赋予它的,所以,在不同人的眼里,同一种植物可能也会拥有不同的特点和品格。如果让你来挑选一种最喜欢的植物,你会选择哪种植物呢?

地所生，有草木，此植物，遍水陆。

地上生长的花草树木都属于植物，在水里和陆地上，到处都有植物的踪影。

墙角数枝梅，凌寒独自开。
遥知不是雪，为有暗香来。

这首诗是北宋政治家、文学家王安石所作的《梅花》。大意是说，墙边露出了几根梅树的枝条，上面的白色梅花正在寒冷的天气里独自开放。隔着很远便能知道那枝头上的是梅花而不是积雪，是因为空气中隐约飘来了梅花的花香。

宁可食无肉，不可居无竹。
无肉令人瘦，无竹令人俗。

出自宋代文学家苏轼的《於潜僧绿筠轩》。苏轼在文中表示自己宁愿不吃肉，也不愿意身边没有竹子。他的理由是，没有肉吃，人只会变瘦，而没有竹子这样高雅的植物在身边，人就会变得俗不可耐。

采菊东篱下，悠然见南山。

出自陶渊明的《饮酒·其五》。意思是，陶渊明在家里东边的篱笆旁边采摘菊花，一抬头，正好看见南边美丽的山坡。这句诗写出了陶渊明对菊花的喜爱，也写出了隐居生活的闲适。

出淤泥而不染，濯清涟而不妖。

出自宋代文学家周敦颐的《爱莲说》。在文中，作者用这句话来赞颂莲花从淤泥中生长出来而不受到污染，在水面上绽放却能纯洁而不妖艳的品质。

23 在古人眼中，哪些动物带着"仙气"？

> 有虫鱼，有鸟兽，此动物，能飞走。
>
> 古人为什么会崇拜动物？
>
> 龙的形象是怎么产生的？
>
> 有哪些现实中存在的被视为带着"仙气"的动物？

很多人会养小猫、小狗、仓鼠、鹦鹉这些可爱的小动物当作宠物。《三字经》里对"动物"这个概念有专门的一句话："有虫鱼，有鸟兽，此动物，能飞走。"意思是说，昆虫、鱼类、鸟类、兽类都属于动物，有的动物能在天上飞，有的动物会在陆地上行动。当然，像鱼这样的动物会在水里游。

其实，我们人类也是一种高级的动物。人类从出现开始，就一直在和其他动物打交道。有些动物与我们人类走得比较近，要么成为我们的好朋友，比如小猫、小狗；要么成为我们的食物，比如牛、羊、鸡、鸭。也有些动物会伤害我们人类，曾经和我们一起争夺自然界的生存空间，比如老虎这样的猛兽。所以说，动物对人类的生活产生了巨大的影响，我们的古人也对一些动物产生了崇拜或者喜爱的感情。

龙的由来

在上古时代的原始社会里,人们会崇拜自然界里的一些动物,并且把这些动物当作自己部落的图腾。图腾是原始社会的人认为跟本氏族有血缘关系的某种动物或植物,一般用作本氏族的标志。不同的原始部落,图腾不同。有些部落崇拜力量,就会把老虎这样的猛兽当作图腾;有些部落崇拜天空,就把鸟儿当作图腾。我们现在在考古的过程中,发掘出了大量原始部落的文物,其中就有各种动物造型的器皿和装饰,这展示着古人对这些动物的喜爱或者崇拜之情。

那么,古代的中国人最崇拜什么动物呢?很多人可能会回答说,古人应该最崇拜龙,要不然,龙怎么会是我们中华民族的象征之一呢?

可是,有人亲眼见过龙这种动物吗?其实,龙是一种被古人虚构出来的动物,并不存在于现实世界中。按照历史学家的发现,中国在原始社会时期就出现了龙这种动物图腾,但它的样子在不同时代有所不同,到宋代基本定型。龙的样子非常特别,它的头有点像马,头上有鹿角一样的角,它的须跟虾须一样。此外,龙还有蛇一样的身子,有鱼鳞一样的鳞片,爪子则像鹰的。几种动物的身体部位组合在一起,就成了中国龙的样子。

中国龙身上为什么有这么多动物的特征呢?很多历史学家

认为，这是因为龙这种图腾，就是古人把不同的动物图腾融合起来产生的。据说，当年我们中华民族的祖先之一黄帝率领部落打败了炎帝和蚩尤之后，把天下各个部落都联合了起来。为了让这个部落联盟更加稳固，黄帝就把几个重要部落所崇拜的那几种动物图腾，比如蛇、鹰、羊等的元素融合到一起，组成了龙这种图腾。后来，在封建社会里，龙成了皇权的象征，只有皇上才能穿龙袍、坐龙椅、开龙船，大臣和老百姓都是不能使用和龙相关的物品的。在晚清的时候，清政府出于外交的需要，制作了一面国旗，上面就画着一条中国龙。

"仙气飘飘"的动物

虽然在中国的文化里，龙和凤凰、麒麟这样代表着祥瑞的动物拥有很高的地位，但它们毕竟只是神话传说里的生物，并不存在于现实之中。不过，在现实里，还真有一些动物能代表神仙或者被视作祥瑞，透着一股"仙气"。

最有代表性的动物，就是仙鹤——你们看，它名字里就带着一个"仙"字。在明清时代，最高等级的一品文官的官服上，就绣着仙鹤的图案，这显示出在文人眼里，仙鹤的地位是非常高的。

要知道，鹤是鹤科鸟类的通称，世界上有好几种鹤。一般来说，我们古人口中的仙鹤，指的是丹顶鹤。"丹"是红色的意思，顶是头顶的意思，所以，丹顶鹤就是头顶是红色的一种鹤（幼时头顶不红）。丹顶鹤的头上为什么会有一抹红色呢？其实，这抹红色不是它的羽毛，而是它头皮的颜色，它头顶有一部分没有羽毛，露出了红色的头皮。没错，虽然丹顶鹤看起来美丽又优雅，但其实是一种秃顶的鸟。

鹤的寿命一般是三十到四十年，它算是一种非常长寿的鸟了。而丹顶鹤更加长寿，能活五十到六十年。要知道，在古代，人们的平均寿命一般也只有四十到五十年，所以，很多古人会把丹顶鹤作为长寿的象征。

除此之外，古人还觉得丹顶鹤的生活习性非常高雅。比如丹顶鹤是一种严格的一夫一妻制动物，每一只丹顶鹤，一生只会选择一个伴侣。如果这只丹顶鹤的伴侣先它一步死去了，那它在余生中，都不会再找其他的伴侣了。丹顶鹤对爱

情和伴侣的忠诚态度，让古人非常佩服。

据说，丹顶鹤还是一种对音乐非常敏感的动物，当听到歌声或者琴声的时候，它就会忍不住一边鸣叫，一边拍打翅膀飞翔。这让古代那些热爱音乐的文化人更加喜欢丹顶鹤了，觉得丹顶鹤是一种有灵性的鸟儿。相比之下，大部分动物对音乐都是没什么感受力的，比如牛这种动物，你再怎么对着牛演奏音乐，牛也不会搭理你。所以，古人创造了一个成语叫作"对牛弹琴"，比喻跟不讲道理的家伙讲道理，对外行人说内行话，最后只能自讨没趣。

因为丹顶鹤的很多生活习性让它看起来很有灵性，古人往往把它看作灵鸟。比如在《封神演义》里，像太乙真人这样的神仙就是骑着仙鹤飞来飞去的。在古人眼里，仙鹤总是被看作神仙的坐骑。也有的时候，仙鹤被当成神仙的化身。比如宋朝著名的文学家苏轼，有一天他和朋友们一起坐船出去玩，正好看见一只仙鹤嘎嘎叫着飞了过去。当天晚上，苏轼就做了一个梦，梦见一个神仙道士，穿着由白色羽毛织成的衣服，来找他聊天，问他白天玩得愉快吗。苏轼一看，惊讶地发现，梦里的这位神仙不正是白天见到的那只仙鹤嘛！

再来说一个被古人认为带着仙气的动物——乌龟。

在古代，乌龟也被人当作一种有灵性的祥瑞动物。一方面是因为乌龟非常长寿，大部分乌龟能活几十年，有的乌龟甚至能活两三百年。另一方面，在上古时代，人们认为乌龟是一种能通灵的动物，它的龟壳上面可以显示出预测未来命运的符号，所以常用乌龟壳来进行占卜和祭祀活动。

其实还有一种被古人认为带有仙气的动物，那就是黄鼠狼，它在民间被称为"黄大仙"。不过黄鼠狼的这种仙气和仙鹤的仙气是不一样的，更多的是一些老百姓对未知未解事物的一种迷信崇拜。

在你眼中，什么动物是看上去带着点"仙气"的呢?

知识卡

有虫鱼，有鸟兽，此动物，能飞走。

昆虫、鱼类、鸟类、兽类都属于动物，有的动物能在天上飞，有的动物会在陆地上行动。（当然，像鱼这样的动物会在水里游。）

对牛弹琴

成语，比喻跟不讲道理的家伙讲道理，对外行人说内行话，最后只能自讨没趣。

24 古人眼中的『六谷』和『六畜』

> 稻粱菽，麦黍稷，
> 此六谷，人所食。
> 马牛羊，鸡犬豕，
> 此六畜，人所饲。
>
> 什么是"四体不勤，五谷不分"？
> 马的地位为什么那么高？
> 牛在古代是不是用来吃的？

　　我们人类也是一种动物，那么作为动物，每天就必须吃东西才能维持生命。我们人类不是很挑食，属于杂食性动物，既可以用肉食来填饱肚子，也可以用植物（粮食和蔬菜）来填饱肚子。经过了上万年的发展，现代人已经不仅仅是为了填饱肚子去吃饭了，还要追求膳食营养的均衡，要荤素搭配，吃一点肉，再吃一点菜，还要配上一些米饭、面包这样的主食。但是古代人的生活条件可远远比不上我们，在大部分古代人眼里，吃肉那是非常稀罕的事情，每天能吃上饭、填饱肚子，就已经非常了不起了。

古代人吃什么?

古代中国人主要用哪些粮食来填饱肚子呢?在《三字经》里就有这样两句话:"稻粱菽(shū),麦黍稷(jì),此六谷,人所食。马牛羊,鸡犬豕,此六畜,人所饲。"意思是,稻米、小米、豆类、小麦、黄米和高粱这六种粮食,统称为"六谷",是我们中国人的主食。马、牛、羊、鸡、狗和猪这六种动物,在古代被叫作"六畜",是人们在家里饲养得最多的动物。

在《论语》里面,就有一个关于粮食的小故事。有一天,在乡下,孔子的学生子路和孔子走散了,正好看到有一个老头站在路边。子路就问他:"老先生,你看到我的老师孔夫子了没有?"

老头不太客气地对子路说:"四体不勤,五谷不分,孰为夫子?"意思是说,四肢都不怎么劳动,连五谷也分不清楚,谁是你的老师呢?

老头的这句话,是在讽刺孔子虽然满肚子学问和思想,却没有亲自在田间地头从事农业劳动。这句话也说明,在古人的眼里,光是有知识是不够的,还要踏实勤劳,关心粮食,这才称得上是一个高尚的人。后来,子路把这个老头的话说给了孔子听,孔子一听,不仅没有生气,还赞叹说:"这个老先生是一个世外高人啊!"

《论语》里的这个故事,提到了"五谷"这个概念,中国也有个词,叫"五谷杂粮"。《三字经》里说的六谷,似乎要比我们平常说的"五谷"多一谷,这是为什么呢?其实,按照植物学的说法,以种子或果实为人们提供食物的谷类作物,都可以被叫作"谷"。换句话说,能够被叫作"谷"的粮食是非常多的,不止五种或者六种,所以我们古代也有"九谷",甚至"百谷"的说法。我们所说的"五谷"或者"六谷",指的是谷类作物中最重要的五种或六种粮食。

《三字经》里说的这六谷,梁指的是小米,菽是豆类的总称。豆子不仅可以直接吃,我们中国人还把它加工成豆腐、豆浆这样的豆制品,并形成了一种独特的饮食文化。黍,指的是黄米,也是一种粗粮。唐代的大诗人孟浩然写过一首诗,叫作《过故人庄》,第一句就是:"故人具鸡黍,邀我至田家。"意思是说,他的老朋友准备了鸡肉和黄米饭这样丰盛的饭菜,邀请他去家里做客。可见,在古人眼里,黄米已经是一种难得的美食了。

那么稷是什么东西呢?稷在古代到底指的是哪种作物,还没有定论。有人说,稷指的是高粱;有人说,稷指的是小米;有人说,稷指的是黄米的一个品种。因为在《三字经》的"六谷"里,小米和黄米都已经被提到了,所以《三字经》里的稷很有可能指的是高粱。

最后,我们来说说大家最熟悉的麦和稻这两种主食。我们吃的面包、馒头以及各种面条,就是小麦做原料的。我们吃的米饭,就是来自水稻。

古人的动物朋友

说完了六谷,我们再来说说六畜。

在远古时期,人们都是通过打猎野生动物来获取肉食的。有的时候,人们好几天都捕捉不到猎物,只能饿肚子。还有的时候,人们运气比较好,能捉到很多野生动物,但是又吃不完,这可怎么办呢?古人就想,那不如把这些动物关到自己的部落里,先养着吧!于是,人们开始养成了在家饲养动物的习惯。随着养殖技术的提升,这些家养动物的种类变得越来越丰富,其中有的能帮助人们种地,比如牛;有的帮助人们出行,比如马;有的帮人们看家护院,比如狗;有的能给人们提供资源,比如绵羊可以产羊毛;有的则被当作人们的食物,比如鸡和猪。

而这六种动物在《三字经》里被总结为"六畜",有个很重要的原因,就是它们都是比较好驯化的。所谓驯化,就是改变动物的天性,通过喂食和训练把它们的野性磨掉,让它们变得温顺,不再具有较强的攻击性,也就是从不听话变得听话。

根据历史学家的发现,中国人最早驯化的动物是狗。大概在距离今天一万年的时候,中国人就开始养狗了。别看我们现在很多人养的都是可爱的宠物狗,比如博美啊,雪纳瑞啊,吉娃娃啊,但所有狗的祖先其实都是狼,狗是由狼驯化而来的。

  中国的古人在把狼驯化成狗之后，驯化的第二种动物是猪。猪是由野猪驯化而来的。大家可能没见过野猪，野猪的长相和现在白白胖胖的家猪很不一样，它们体形比家猪要小一点，全身长着黑褐色的硬毛，年老的野猪背面混生白毛，雄性野猪还有锋利的獠牙从口中伸出。野猪的性格非常凶猛，跑得也很快，还会游泳，看起来是非常不好驯化的。但是因为野猪的肉质非常好，很有狩猎价值，所以我们的老祖先依靠着智慧，还是捕捉到了一些，并且开始试着在部落里建造猪圈来养殖这些野猪。于是，随着时间的推移，野猪最后被驯化成了家猪。值得一提的是，在中国古代，绝大部分家猪是黑色的，我们现在见到的那些白白胖胖的猪，其实是后来从欧洲引进的新品种，算是一种外国猪。所以说，《西游记》影视剧里那白白胖胖的猪八戒形象，其实是不对的，根据《西游记》原文，猪八戒是一头"黑脸短毛"的黑猪。

  在驯化了猪之后，中国人又驯化了羊。与狼和野猪相比，羊的驯化难度不算高。根据考古学家的发现，中国人把野生的盘羊驯化成了绵羊，又把野生的山羊变成了家养的山羊。绵羊和山羊还是有不小的区别的，山羊的性格比较活泼，经常爬高爬低，在山壁上攀爬，所以才叫作山羊。相对来说，绵羊的性格比较温顺，而且浑身上下有着又细又软的毛，这些毛剪下来后，可以用来做羊毛衫。像是动画片《喜羊羊与灰太狼》里的喜羊羊，就是一只绵羊。和鸡、鸭、猪类似，古人养羊主要也是用来吃的。我们汉字的"鲜"字是由一个"鱼"字和一个"羊"字组成的，这是因为在古人眼里，羊肉和鱼肉都是非常鲜美好吃的。

在古人眼里，六畜里最重要的两种家养动物，是牛和马。古人对牛和马有多重视呢？几乎历朝历代，都针对这两种动物设立了专门的法律。汉代《盐铁论》中有"故盗马者死，盗牛者加"，意思是偷走马的人要被处死，偷走牛的人要被处以枷刑。换句话说，在古人的眼里，牛和马这样的动物，有时候比人命还要珍贵，这是为什么呢？

马首先是一种交通运输工具。在很早的时候，中国人就开始使用马来拉车了。在周朝的时候，能够拥有多少匹马拉的车，成了人们身份的象征。根据《逸礼·王度记》的记载："天子驾六马，诸侯驾四，大夫三，士二，庶人一。"也就是说，天子可以乘坐六匹马拉的车，诸侯国的国君可以乘坐四匹马拉的车，大夫可以乘坐三匹马拉的车，士这种小贵族可以乘坐两匹马拉的车，平民百姓只能乘坐一匹马拉的车。

更重要的，马还是一种战争工具。在远古时代，马拉的车可以被用作战车。后来，在战国时代，赵国的赵武灵王下令向周边的游牧民族学习骑马和射箭，在此之后，中国开始成规模地出现骑兵这种军事单位，国家的军队开始饲养战马。在古代，骑兵的作战能力比步兵要强得多，所以马也就变成了一种珍贵的战略武器。

虽然我们现在经常吃牛肉，喝牛肉汤，但是在古代，牛的价值主要在于农业生产，不是用来吃的。从春秋战国时代开始，因为铁制的农具开始普及，人们开始借助牛的力量来耕作田地。直到近些年，在一些偏远的乡村地区，还有农民在用黄牛进行农业生产。所以说，古人眼里的牛，就像我们今天的拖拉机一样，是重要的生产工具，是不能随便宰杀的，谁如果擅自杀了牛，轻则被判刑，重则被处死。在唐宋时期，就连生病的牛，也不能被杀掉，只有自然死亡的牛，经过官府的检验，它们的肉才能被吃掉或者卖掉。正因如此，牛肉在古代非常难得，价格是非常高的。直到近代，中国引进了专门用来产肉的肉牛品种，以及专门用来产牛奶的奶牛品种，牛肉和牛奶才开始普及，走上了中国人的餐桌。

了解了六谷和六畜的前世今生，是不是以后在餐桌上或动物园里，会多一些话题了？

知识卡

稻粱菽，麦黍稷，此六谷，人所食。
马牛羊，鸡犬豕，此六畜，人所饲。

稻米、小米、豆类、小麦、黄米和高粱这六种粮食，统称为"六谷"，是我们中国人的主食。马、牛、羊、鸡、狗和猪这六种动物，在古代被叫作"六畜"，是人们通常在家里饲养的六种动物。

四体不勤，五谷不分，孰为夫子？

出自《论语》。意思是说，四肢都不怎么劳动，连五谷也分不清楚，谁是你的老师呢？这句话说明，在古人的眼里，光是有知识是不够的，还要踏实勤劳，关心粮食，才能称得上是一个高尚的人。

天子驾六马，诸侯驾四，大夫三，士二，庶人一。

出自《逸礼·王度记》（本书已失传）。意思是说，天子可以乘坐六匹马拉的车，诸侯国的国君可以乘坐四匹马拉的车，大夫可以乘坐三匹马拉的车，士这种小贵族可以乘坐两匹马拉的车，平民百姓只能乘坐一匹马拉的车。

25 为什么"扑克脸"会很高级?

曰喜怒,曰哀惧,爱恶欲,七情具。

七情六欲指的是什么?

为什么书里记载的很多高人都是表情不变的"扑克脸"?

一味地隐藏自己的情绪真的健康吗?

人的七情六欲

中国有一个成语,七情六欲。所谓"七情",指的就是人们高兴、伤心、愤怒、生气的这些情感。《三字经》里对它有专门的解释:"曰喜怒,曰哀惧,爱恶欲,七情具。"意思是说,人们高兴的时候就会喜,生气的时候就会怒,伤心的时候就会哀,害怕的时候就会惧,喜欢叫作爱,讨厌叫作恶(wù),贪恋、想要什么东西就叫作欲。喜、怒、哀、惧、爱、恶、欲加在一起,涵盖了人所拥有的情感,就叫作"七情"。

其实我国汉朝时候的典籍《礼记》,就已经将这七种情感叫作七情了,《礼记》还讲到,这些情感是人类的本能,是不用通过学习就具备的。而七情六欲里面的"六欲",在春秋时代的书里就已经出现了,一般来说指的是人所拥有的各种各样的欲望。因为人也拥有"欲"这种情感,所以"六欲"其实也是"七情"的一部分。

被隐藏的表情

在现代社会,总体上还是鼓励大家能够直接表达自己的情感的。开心了就笑出来,伤心了也不要憋着,痛痛快快地哭一场,这样别人才能理解你的感受,减少人与人之间的误会。但是,在古代社会,你如果能够控制自己的情绪,不让别人看出你的真实感受,反而会被人们称赞为"高人",很多人也会努力做这样的人,这是为什么呢?

我们先来说个故事,出自著名的《世说新语》。《世说新语》这本书记载了很多高人的故事,这些高人往往有一个共同的特点,那就是喜怒不形于色。无论发生多大的事情,他们总是不动声色,表情很少出现变化,现在我们常说这种人有一张"扑克脸"——打扑克时人们往往会让面部没有任何表情,这样对手就不会知道你拿到什么牌了。

《世说新语》里记载的这个故事是这样的。东晋时代有一个很有名的大臣叫作谢安。当时,北面强大的前秦派了好几十万兵马来攻打东晋,而东晋能够迎战的士兵只有八万人左右。面对比自己多好几倍的敌人,东晋的军队如果战败了,

可能整个国家都要灭亡。在这场战争里，谢安是东晋军队的主要指挥官，他的弟弟谢石、侄子谢玄等家人也都上了战场，为国家作战。

结果在淝水这个地方，东晋的军队以弱胜强，战胜了强大的前秦军队。这时候，谢安正在后方和朋友下围棋。下到一半，他的侄子谢玄派来的信使把获胜的书信交到了他的手上。谢安看完信以后，一句话也没说，就继续下棋了。

结果反而是客人忍不住了，问谢安："这信里写的是什么啊？"

谢安的表情没有一点儿变化，慢慢地说："哦，我侄子在信里说，这场仗他们打赢了。"

面对这样一场来之不易的胜利，大部分人肯定会很兴奋激动，但是谢安却表现出一副云淡风轻的样子，情绪没有一点起伏和波动，所以人们都觉得他深不可测，是一个难得一见的高人。

再说一个来自《三国志》的故事,说的是关羽。

根据《三国志》记载,大将军关羽在打仗的时候左边胳膊被弓箭射中了,结果就落下了病根,每到阴雨天,胳膊就疼得很。于是,关羽就去找医生,看看要怎样治疗。医生说:"关将军之所以落下病根,是因为那支射中你的箭是一支毒箭,所以你胳膊上的骨头就中了毒。只有把胳膊划开,用刀刮掉骨头上的毒,你才能痊愈。"要知道,那时候可没有正规的麻醉药品,一般人听到要开刀刮骨头,可能腿都吓软了,更别说真的去开刀了。然而关羽就是和别人不一样,他二话不说,就让医生动手治疗了。在医生治疗的时候,关羽的血流了整个胳膊,但是他却面不改色,一边吃肉一边喝酒,还在和他的部下笑着聊天,跟没事人一样。因为关羽对于疼痛的忍耐力实在是太强了,所以人们都称赞他。后来,这个故事流传开来,被人称作"刮骨疗毒"。所以,关羽这时候的"扑克脸"被当作一种坚强勇敢的表现。

那是不是说,不论我们遇到什么事,只要装作一副无所谓的样子,保持面瘫一般没有表情就算是高手了呢?其实也不是。扑克脸只是外在,最重要的是不能被情绪冲昏了头脑,冷静地想到解决问题的办法,这才是真正的高人。

《世说新语》里面,还记录了另一个故事。在魏晋时代,有一个有名的大臣叫作裴楷。有一次,他虽然没有犯罪,却平白无故遭受了牵连,被人抓到监狱里去了。要说正常人突然被抓起来，肯定会很着急、很焦虑，或者会感到生气和伤心。但是裴楷不一样，他神色自若，行为举止都非常镇定。他找监狱里的人要来了纸和笔，开始写信。他一封又一封地写，把自己的情况告诉了很多有能力帮助他的朋友。结果没过两天，在朋友的帮助下，他就被放出来了。后来他一路升迁，做上了大官。

如果裴楷被捕入狱，光是神色如常，却什么事也不做，等着好运来临，那他肯定是等不到的。关键是冷静之后，自己心里面知道接下来该怎么办，什么事是对自己有帮助的，这才是最重要的。

为什么不要"扑克脸"

在中国历史上，不论是儒家、道家还是佛家，都把"喜怒不形于色"当作一种至高的境界，提倡隐忍克制的性格，以及心平气和的处事态度。所以，我们在各种各样的故事里都会发现，佛祖神仙和凡人不太一样，他们往往没有七情六欲，是无欲无求的。在由《西游记》改编的电影《大话西游》里，主人公至尊宝要从凡人变成孙悟空的时候，观音菩萨对他说了这样一番话："金箍戴上之后你再也不是个凡人，人世间的情欲不能再沾半点。如果动心，这个金箍就会在你头上越收越紧，苦不堪言。"

但是，一个人完全没有七情六欲真的是好事吗？恐怕也不是，如果一个人没有七情六欲，他既不会爱惜自己，也不会爱护别人，很难拥有悲悯博爱的胸怀，难免会变成一个冷酷无情的人。而且，只要是正常人，就会拥有七情六欲，没有七情六欲是不正常的表现。

不仅如此，在现代社会，我们虽然提倡理智，但并不提倡人人都要挂着一副扑克脸，也不提倡一味地隐藏自己的情绪。因为如果我们不把高兴和伤心表现出来，别人很容易对我们产生误会。我们如果一直把情绪和想法憋在心里，也没办法保持健康的心态，甚至还会得心理疾病。尤其是现在的孩子，开心就应该笑出来，真的非常不开心了，哭一场也没什么大不了的，大家正常地表现出自己的情绪，才是最健康的。

曰喜怒，曰哀惧，爱恶欲，七情具。

人们高兴的时候就会喜，生气的时候就会怒，伤心的时候就会哀，害怕的时候就会惧，喜欢叫作爱，讨厌叫作恶，贪恋、想要什么东西就叫作欲。喜、怒、哀、惧、爱、恶、欲加在一起，涵盖了人所拥有的情感，就叫作"七情"。

知识卡

26 影响东亚文化的"五常"

曰仁义，礼智信，此五常，不容紊。

儒家五常指的是哪五常？
这些品德概念是怎么被放到一起的呢？
它们分别指的是什么，相互之间又是什么关系？

说到"五常"这个词，你们会想到什么？现在，中国、俄罗斯、美国、法国、英国这联合国安理会五大常任理事国的简称就是"五常"。但我们要说的不是联合国的五常，而是我们中国传统文化里的五常。

《三字经》里说："曰仁义，礼智信，此五常，不容紊。"意思是，仁、义、礼、智、信这五种品德叫作"五常"，它们共同组成了我们做人的准则，是不应当被怠慢和疏忽的。五常的"常"是永恒不变的意思，所以说，在古人眼里，仁、义、礼、智、信这五种品德，是人们应该一直去遵守的美德。

那么，仁、义、礼、智、信是怎么被放到一起组成五常的呢？

五常的演变

孔子作为儒家学派的创立者，提出了很多重要的概念。在孔子眼里，仁、义、礼、智、忠、勇等品质都是非常重要的，都是一个能为国为民做出贡献的君子所需要的品质。在这些品质里，孔子最强调仁和礼这两种，对于其他美好的品质，孔子虽然几乎都提到过，但并没有把它们组合成"五常"这样的道德系统。

到了孟子这里，作为儒家学派的"亚圣"，他的著作里特别强调了仁、义、礼、智这四种品德，经常把它们放到一块儿进行谈论——这时候五常里的"四常"都到位了，只差"信"这种品德了。

那是谁把"信"放到五常中去的呢？

在西汉时期，汉武帝想要知道如何才能把国家治理好，于是他就下了诏书，请全国的学者给他提意见。当时有一个儒家的学者叫作董仲舒，他抓住了这个机会，给汉武帝写了一篇文章，核心就是，我们现在的学派太多，知识也太庞杂了，不如改进儒家学说，让儒家学说吸收其他学派的精华，然后将改进后的儒家学说作为全国唯一的正统学说来推广，这样就能让全国的百姓都受到儒家学问的影响，让社会变得更有秩序。

董仲舒虽然是儒学家，但他和当时很多中国人一样，受到了五行学说的影响，因此想要把人最需要获得的道德品质凑齐五个。于是，在他给汉武帝写的对策文章里，他在孟子提出的"仁义礼智"基础上，又加入了"信"这种品质，正式提出了"五常"的概念。

仁和义

那么仁、义、礼、智、信这些概念究竟是什么意思，它们之间又有什么关系呢？

仁，是儒家学派里最核心的概念之一，孔子和孟子都非常强调"仁"的重要性。有意思的是，《论语》中虽然有100多次提到"仁"，但从来没有正儿八经解释过"仁"到底是什么东西。有一次，孔子在回答弟子关于"仁"的问题时说了一句：爱人。后来孟子就总结了那句有名的"仁者爱人"。

"爱人"为什么就能达到孔子说的仁的标准呢？因为"爱人"并不是我们现在理解的那种简单的"喜欢""爱慕"一个人，而是要我们发自内心地从别人的角度为他考虑，也就是我们现在说的换位思考、有同理心。仁的标准其实有很多，但能换位思考这一点是最重要的。

对此，孔子有另一句话："己所不欲，勿施于人。"

对于仁这个概念，孟子说得比孔子更具体一点，但和孔子其实是同一个意思。孟子直接解释说，"恻隐之心，仁也"。意思是，仁就是拥有同情他人的良心，这和换位思考其实是一个道理。

仁有多重要呢？在孔子眼里，仁比生命还要重要，他说："志士仁人，无求生以害仁，有杀身以成仁。"意思是说，那些仁人志士，不会为了苟且偷生而去做损害仁的事情，为了成全仁的行为，宁可牺牲掉自己的生命。孔子还举了例子：

商朝末年有两位贵族大臣，分别叫伯夷和叔齐。他们非常忠于商朝，不愿意服从于周王室的统治，所以两个人不愿意吃周朝发给他们的粮食，最终饿死在了山上，到死都不愿意改变自己的志向。

在孟子眼里，为追求"义"这种品德，同样值得人们牺牲生命。孟子说：

"生，亦我所欲也；义，亦我所欲也。二者不可得兼，舍生而取义者也。"

意思是说，我想要保存生命，也想要拥有义的品德，但是当生命和义不能同时拥有的时候，我就会牺牲生命去得到义。当然，这种观念已经不太适用于我们现代社会了。我们虽然要拥有自己的道德底线，但也要珍惜自己的生命，不能对不起自己，也不能辜负父母的养育之恩。

那义究竟指的是什么，让孟子这么看重呢？义本来指的是适宜、合适的意思，只有合适的东西，才能算是符合道义的事物。所以，孔子说，"君子喻于义，小人喻于利"，"不义而富且贵，于我如浮云"。

意思是说，君子懂得的是道义，小人懂得的是利益。而对孔子来说，那些通过不合适的手段获取到的富贵和利益，就像天上的浮云一样不值一提。所以，如果要拥有道义，我们首先要弄懂哪些行为才算是合适的行为。

在孟子眼里，这一点也不难，孟子说："羞恶之心，义也。"义源于人们本性中的羞耻心。如果你在做什么事情的时候，心中会产生羞耻的感觉，那你做的很可能是不符合道义的事情。

礼、智、信

在孔子、孟子这些儒家学者的眼中，仁也好，义也好，其实都是遵守"礼"才能产生的品质，换句话说，礼就是对仁和义的具体规定。

孟子认为,人们的恭敬之心,就是礼的来源。他说:"君子以仁存心,以礼存心。仁者爱人,有礼者敬人。"意思是说,君子在心中一直保持着仁爱和礼仪。那些懂得仁的人会关爱别人,那些懂得礼的人会尊重别人。当然,他们那个时代的礼,比我们现在要复杂得多,很多都没有学习的必要。但对我们现代人来说,学会基本的礼貌,懂得尊重和爱护他人,也是一个基本的要求。

孔子说,"好学近乎知",这里的"知"就是"智"的意思。"智"这种品德,指的就是好学,爱动脑子,拥有判断是非的能力。在孔子眼里,有智慧的人从来不耍小聪明,对知道的就说知道,对不知道的事情就说不知道,这样才能虚心学习,积累越来越多的知识。

"信"主要指的是诚实守信。孔子的学生子夏说:"与朋友交,言而有信。"我们和朋友们相处的时候,一定要说到做到,这样才能收获真挚的友情。

"五常"的影响

仁、义、礼、智、信这"五常",作为儒家学说的核心思想,对中国乃至整个东亚的文化都产生了巨大的影响。

在几百年前,朝鲜王朝曾经将儒教定为国教,并且设立了一个叫成均馆的最高教育机构，专门研习儒家文化。到了今天，韩国还有一所大学，叫作成均馆大学，这所大学的校训就是"仁、义、礼、智"。

从隋唐以来，日本同样受到了儒家五常的影响，比如日语中就有"仁义"这个词，在日本的贵族教育中，也到处可以看到"四书五经"的踪迹。甚至，千年以来，包括日本天皇在内的日本皇室男性成员，很多都会在名字里加上一个"仁"字，现在在位的日本天皇就是德仁天皇，这也体现出他们受到的汉文化的熏陶和影响。

曰仁义，礼智信，此五常，不容紊。

仁、义、礼、智、信这五种品德叫作"五常"，组成了我们做人的准则，是不应当被怠慢和疏忽的。

志士仁人，无求生以害仁，有杀身以成仁。

出自《论语》。意思是说，那些仁人志士，不会为了苟且偷生而去做损害仁的事情，为了成全仁的行为，他们宁可牺牲自己的生命。

生，亦我所欲也；义，亦我所欲也。
二者不可得兼，舍生而取义者也。

出自《孟子·告子上》。意思是说，我想要保存生命，也想要拥有义的品德。但是当生命和义不能同时拥有的时候，我就会牺牲生命去得到义。成语"舍生取义"就源于这句话。

君子喻于义，小人喻于利……
不义而富且贵，于我如浮云。

出自《论语》。前一句是说，君子懂得的是道义，小人懂得的是利益。后一句是说，对孔子来说，那些通过不合适的手段获取的富贵和利益，就像天上的浮云一样不值一提。

君子以仁存心，以礼存心。
仁者爱人，有礼者敬人。

出自《孟子·离娄下》。意思是说，君子在心中一直保持着仁爱和礼仪。那些懂得仁的人会关爱别人，那些懂得礼的人会尊重别人。

27 「青龙白虎」和颜色有什么关系？

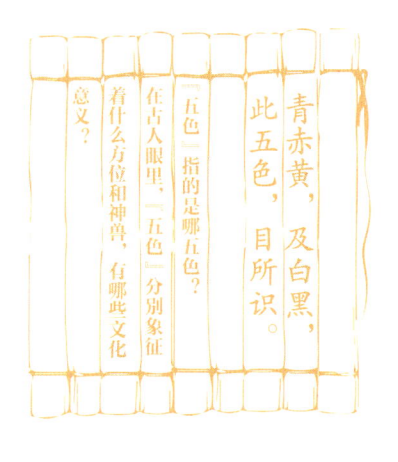

> 青赤黄，及白黑，此五色，目所识。
>
> "五色"指的是哪五色？
>
> 在古人眼里，"五色"分别象征着什么方位和神兽，有哪些文化意义？

喜欢画画的同学不知道有没有想过，我们要用多少种颜色，才能把这个丰富多彩的世界画到纸上？

中国有一个成语叫作"五颜六色"，指的是色彩丰富、搭配复杂。而这个"五颜六色"并不只是说说而已，因为中国在很早的时候就有一套完整的色彩体系了。

《三字经》里有这样一句话："青赤黄，及白黑，此五色，目所识。"意思是说，青色、赤色、黄色、黑色和白色，在古代被合称为"五色"，这五种颜色是我们的眼睛可以识别出来的。

"五色"从哪来?

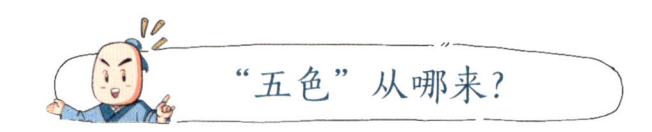

其实在上古时代,我们的祖先就已经在和颜色打交道了。

你可能会问,那时候的颜料是从哪里来的呢?答案是天然矿石和植物。原始部落的人会利用一些天然的矿石和植物来制作一些原生态的颜料,然后用这些颜料来染衣服,或者绘制陶器上的花纹。很多原始部落和古代少数民族部落的居民,会在自己身上涂抹上鲜艳的颜色,这既能增添美感,也能显示自己的身份和地位。到了周朝的时候,就已经有人专业从事染布的工作了,可见古人很早就熟练使用色彩来装饰自己的生活了。

那么"五色"这个概念是怎么形成的呢?

其实,五色的概念,也是因为古人受到了中国五行学说的影响——我们在前文就说过,"五行"这个概念在中国的传统文化中其实很重要。

古人挑出了他们认为最重要的五种颜色,作为颜色的代表。在《尚书》《礼记》等经典文化历史著作里,都提到了"五色"的概念。后来,古代的学者将青色、赤色、黄色、黑色和白色称为"五色",或者叫作"五正色"。

什么是"正色"?古人说的"正色"其实和我们说的"原色"的概念有点像,主要指的是不需要别的颜色来调配的纯正的基本色。相应地,除了"正色",还有"间色",间色一般就是由不同的正色混在一起形成的颜色。比如说赤色就是一种正色,而赤色和黑色搭配在一起,能调出紫色,紫色就是一种间色。

在周朝的时候,人们认为正色是比较尊贵的,间色是比较卑贱的,因此在祭祀等礼仪活动中,间色不能比正色更加突出。所以,孔子说过这样一句话:"恶紫之夺朱也……"也就是说,孔子很厌恶那些用紫色来替代红色的行为,因为使用这种颜色违背了礼仪的要求。

金庸的武侠小说《天龙八部》里,有一个叫"阿朱"的角色,还有个叫"阿紫"的角色,你如果熟悉这两个角色,应该就能知道这两个人的名字其实就来自孔子这句话。

"五色"和方位

古人把这五色和世界万物联系在一起,形成了一套独特的色彩理论。

《周礼》中有一篇专门讲春秋战国时期手工业生产的文献《考工记》,它就专门讲了制作衣服的花纹和图案的时候,应该怎么去搭配颜色。在各种各样的颜色中,最基础的就是五色了。

《考工记》记载:"东方谓之青,南方谓之赤,西方谓之白,北方谓之黑,天谓之玄,地谓之黄。"意思是说,东方的颜色是青色，南方的颜色是红色，西方的颜色是白色，北方的颜色是黑色，天空的颜色是黑色（深蓝色），土地是黄色。

你们看，我们的古人就喜欢搞各种"联名款"——他们又把东西南北的方向和五色联系在一起了。

不仅如此，人们还在五行和五色的基础上，将几种动物融合进来，形成了一个丰富多彩的神兽体系。

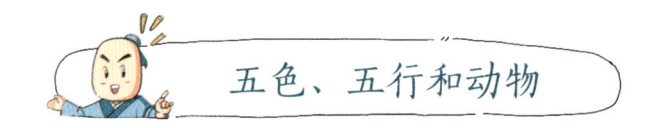

五色、五行和动物

比如，古人说，东方有青龙。

青色是什么颜色？青色既可以指蓝色，比如我们会把蓝天叫作青天；又可以指绿色，比如《喜羊羊与灰太狼》中那片绿油油的大草原叫作青青草原；青色有时候还可以指青黑色，比如我们黑色的头发丝，在古代也叫作"青丝"。

因为大部分植物都是青色的，所以古人认为青色在五行中是属木的。举个例子，竹子就是一种青色的植物。在纸张发明之前，古人们会把竹子劈成一条一条的，编成竹简，并在竹简上面写字。在制作竹简的时候，古人需要先把竹子放在火上面烘烤，而竹子这种植物在被火烤的时候，会冒出一些液体，就像是流汗了一样。因为竹简都是"流过汗"的竹子制作出来的，所以竹简以及那些由竹简编成的古书在古代又被叫作"汗青"。南宋的宰相文天祥在被俘后写过一首诗，里面有一句千古名句"人生自古谁无死，留取丹心照汗青"，其典故就源于此。

南方有朱雀。在古代，朱、赤这些字都是红色的意思，朱雀就是一种浑身上下都是红色的鸟。因为火焰也是红色的，所以很多人把朱雀想象成类似凤凰的能用翅膀扇出火焰的神鸟。红色在五行中自然是属火的了。我们中国作为北半球的国家，越往南方气候越炎热，所以古人把南方和象征着火的红色联系在一起。

在中国人眼里，红色象征着喜庆的气氛，所以中国人很喜欢在过节的时候，或者结婚的时候使用红色。比如我们在春节时贴的春联一般都是红色的，放的鞭炮也是红色的。在中式婚礼上，新郎官和新娘子穿的喜服，还有新娘子头上盖的盖头也都是红色的。

西方有白虎，五行属金。不少金属被火加热到熔化的时候，都会变成白色的液体，所以古人将白色和五行中的金对应起来。记载上古时期地理文化内容的著作《山海经》，说在西边的山上曾经有很多奇特的白色老虎。白虎也是中国人眼中一种代表着祥瑞的神兽。

除了白虎，在古代，很多白色的动物都被认为是高贵吉祥的，比如白马、白鹤、白鹿，一般都被看作神仙的化身。但是，白色同时也是我们中国人在丧葬礼仪中用的颜色，古人在举办丧礼的时候，一般会穿着白色的孝服，戴着白色的帽子，撒白色的纸钱。

北方有玄武。玄武这种神兽是一种由乌龟和蛇组合而成的动物。玄武的"玄"和乌龟的"乌"，在古代都是黑色的意思，所以玄武这种神兽也是黑色的。在古人眼中，不论是乌龟还是蛇，都比较擅长游泳，所以它们组合而成的黑色神兽玄武也是一种五行属水的神兽。

要说中国哪个朝代最喜欢黑色，那一定是短命的秦朝。我们如果看看秦始皇的图片或者画像，会发现，他虽然是皇帝，却穿着黑色的龙袍。根据学者的研究，这是因为秦始皇非常崇尚黑色，所以秦朝从龙袍到官服，都以黑色为主色调。

秦朝军队的军装和战旗，也都是黑色调的。

虽然秦始皇的龙袍是黑色的，但是在我们的印象里，大部分朝代的皇帝，都喜欢穿黄色的龙袍，黄色也是中国皇家特有的颜色，这是为什么呢？

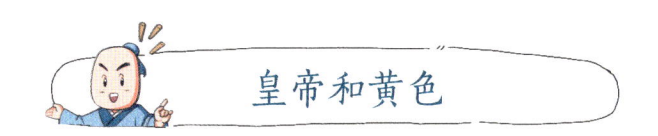

皇帝和黄色

在古人眼里，"金木水火镇四方，土居中央掌阴阳"，黄色作为土地的颜色，五行属土，自然是位于各种颜色的中央的。

根据汉代重要的史书《史记》记载，黄帝"有土德之瑞，故号黄帝"，意思是说，我们华夏民族的祖先"黄帝"之所以叫"黄帝"，是因为他拥有黄土一般的品德。而且，黄帝不叫"白帝"或者"青帝"，也是因为他的部族位于中原大地中央的轩辕之丘上。

根据历史学家的研究，汉朝的著名皇帝汉武帝也觉得自己拥有"土德"，也就是黄土一般的品德，所以非常崇尚黄色，开始穿黄色的龙袍。从此以后，越来越多的皇帝选择穿黄色的龙袍。

到了隋唐时代，皇帝开始禁止大臣、百姓使用和自己的龙袍一样的黄色，于是，黄色慢慢成了皇家的专属颜色。明朝的开国皇帝朱元璋甚至曾经下令民间百姓不能用任何黄色的装饰品，所以在明清时代，黄色几乎只有在皇宫里才能看到了，只有你有特别的功劳，才可能得到皇帝赏赐给你的黄色马褂。

在清朝最后一代皇帝溥仪眼里，自己就是在一片黄颜色的皇宫里长大的："琉璃瓦顶是黄的，轿子是黄的，椅垫子是黄的，衣服帽子的里面、腰上系的带子、吃饭喝茶的瓷制碗碟、包盖稀饭锅子的棉套、裹书的包袱皮、窗帘、马缰……无一不是黄的。"当然，随着封建时代的结束，黄色也从皇室的专属颜色，变成了我们每个普通人生活中的一种明亮温暖的色彩。

当你了解了古代的五色究竟是哪五种颜色，又对应哪五个方位，还知道我们中国古人把这五种颜色又对应了哪五种动物，是不是觉得看古装电视剧或中国古代小说的时候，可以看出一点门道了？

> **青赤黄，及白黑，此五色，目所识。**
>
> 青色、赤色、黄色、黑色和白色，在古代被合称为"五色"，这五种颜色，是我们的眼睛可以识别出来的。

知识卡

东方谓之青，南方谓之赤，
西方谓之白，北方谓之黑，
天谓之玄，地谓之黄。

出自《周礼·考工记》。意思是，东方的颜色是青色，南方的颜色是红色，西方的颜色是白色，北方的颜色是黑色，天空是黑色（深蓝色），土地的颜色是黄色。

有土德之瑞，故号黄帝。

出自《史记》。意思是，我们华夏民族的祖先黄帝之所以叫"黄帝"，是因为他拥有黄土一般的品德。

人生自古谁无死，留取丹心照汗青。

出自南宋文天祥的《过零丁洋》一诗。意思是，自古以来又有谁能够长生不死？我要留一片爱国的丹心映照史册。